Markolf H. Niemz

Sinn

Ein Physiker verknüpft
Erkenntnis mit Liebe

KREUZ

© KREUZ VERLAG
in der Verlag Herder GmbH, Freiburg im Breisgau 2013
Alle Rechte vorbehalten
www.kreuz-verlag.de

Satz: post scriptum, Emmendingen/Hinterzarten
Herstellung: Graspo CZ, Zlín

Printed in the Czech Republic

ISBN 978-3-451-61181-0

Inhalt

Spurensuche   9
Sinn – was ist das eigentlich?

Frage 1:   Wer oder was ist Ich?   19
Die Zutaten des Selbst

Frage 2:   Was war vor dem Urknall?   31
Die Illusion von Raum und Zeit

Frage 3:   Gibt es eine Weltformel?   41
Erkenntnis auf Irrwegen

Frage 4:   Stellen sich Naturgesetze selbst auf?   55
Erste Hinweise auf Gott

Frage 5:   Lässt sich der Zufall ausschalten?   65
Chancen und Grenzen eines Gebets

Der Lichtspeicher   75
Tagebuch der Schöpfung

Frage 6:	**Glauben Physiker noch an Gott?** *Lückenbüßer oder die Wirklichkeit*	85
Frage 7:	**Was ist Ewigkeit?** *Eine physikalische Realität*	95
Frage 8:	**Wozu muss ich sterben?** *Unerwartete Perspektiven*	107
Frage 9:	**Was bleibt, wenn ich tot bin?** *Ockhams Rasiermesser*	119
Frage 10:	**Was ist der Sinn im Leben?** *Werden Sie fündig!*	131

Connectedness 143
Grundprinzip der Schöpfung

Alle zehn Antworten in Kürze 150

Talk mit dem Autor 153

Kontaktmöglichkeit 161

Stiftung Lucys Kinder 163

Inhalt	7
Anmerkungen	168
Bildnachweis	174
Literaturhinweis	176

Babys fragen noch nicht nach dem Sinn,
aber alles, was sie instinktiv tun,
macht Sinn.

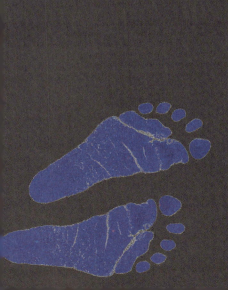

Spurensuche

Wir alle sind auf der Suche nach einem Sinn im Leben, doch was ist das eigentlich – Sinn? Ein Beispiel möge uns den Einstieg erleichtern: Welchen Sinn hat Sprache? Zunächst dient sie einem einfachen *Zweck*: Sprache ermöglicht Kommunikation. Aber lässt sich der Sinn von Sprache auf einen Zweck reduzieren? Sprache hat auch einen Klang. Sie kann Gefühle nicht nur vermitteln, sondern auch erzeugen. Denken Sie an ein fesselndes Buch oder ein Liebeslied! Sprache ist Kultur und hat somit eine viel tiefere *Bedeutung*. Ob es sich mit dem Sinn im Leben ähnlich verhält? Hat das Leben auch eine tiefere Bedeutung? Oder sind wir lediglich eine Laune der Natur?

Wer auf der Suche ist, hält nach Spuren Ausschau. Sinn hinterlässt zwar keine Fußspur, aber ich habe eine andere Spur entdeckt. Sie führt uns zurück bis in Ihre Kindheit. Ja, sogar noch weiter – bis zu Ihrem ersten Atemzug. Sie werden sich wohl kaum daran erinnern, aber das müssen Sie auch nicht. Jede Sekunde werden auf der Erde vier bis fünf Menschlein geboren,[1] und sie verhalten sich im Grunde alle gleich. Bei der Geburt unserer zwei Söhne durfte ich es selbst miterleben: Kaum hatten sie das Licht der Welt erblickt, fingen sie auch schon an zu schreien, bis sie auf dem Bauch der Mama liegen und ihre Wärme spüren durften.

Babys suchen nach Liebe und Geborgenheit, und sie finden beides in der Regel bei ihrer Mama und ihrem Papa. Damit ist ihre Suche aber nicht erschöpft. Sobald sie älter werden, beginnen diese wunderbaren Geschöpfe, neugierig die Welt zu erkunden. Das Wort »Sinn« begreifen sie noch gar nicht, und doch macht alles Sinn, was sie instinktiv tun. Auch Sie und ich durften auf diese Weise in das Leben hineinfinden. Ob uns diese Spur zu dem Sinn führt, nach dem wir suchen? Immerhin ist sie in jedem von uns angelegt. Wir alle werden *liebeshungrig* und *wissensdurstig* geboren.

Als Baby bin ich geradezu süchtig nach Liebe und Wissen. Als Erwachsener habe ich prinzipiell zwei Möglichkeiten: Entweder verdränge ich diese Sucht oder ich bekenne mich weiterhin zu ihr. Wenn ich sie verdränge, werden bald neue Süchte an ihre Stelle treten, weil wir von Natur aus anfällig für Bedürfnisse sind. Moderne Produktwerbung nutzt diese Tatsache schamlos aus. Bedürfnisse, die von außen an mich herangetragen werden, können mir aber keine innere Erfüllung bieten. Es besteht sogar die Gefahr, dass ich daran zugrunde gehe, falls es sich um Alkohol, Nikotin oder Drogen handelt. Wenn ich dagegen auch noch als Erwachsener nach Liebe und Wissen strebe, darf ich ein Leben lang Kind sein. Kinder sind viel dichter am Ursprung des Lebens und wohl auch an dessen Sinn, weil ihre innere Werteskala noch nicht von außen beeinflusst worden ist.

Ein Beispiel: Als unser Sohn Josua von der schweren Hungersnot in Somalia erfuhr, wollte er sofort wissen, weshalb sich die hungernden Menschen dort nichts zu essen kaufen können. Als ich ihm antwortete, dass diese Menschen kein Geld hätten, fragte er mich, warum sie so arm seien. Als ich ihm dann noch den Unterschied zwischen Industrieländern und Entwicklungsländern erklärte, meinte er ganz intuitiv: »Aber Papa, dann müssen wir denen doch schnell helfen!« Kurz danach erfuhr er, wie die Hilfe durch uns Erwachsene aussieht: Nach einer Studie von *Foodwatch* ist die Spekulation mit Lebensmitteln mitverantwortlich für den Hunger in der Welt.[2] Durch Wetten auf die Preise von Agrarrohstoffen wie Mais oder Weizen treiben Investmentbanken die Preise für Nahrungsmittel in die Höhe. Obwohl weltweit ungefähr eine Milliarde Menschen hungern,[3] erhöhen Kapitalanleger wie Versicherungen und Fonds noch ihre Wetteinsätze. Ein Sprecher der *Deutschen Bank* rechtfertigt das ungebändigte Wetten mit einem Beispiel: »Ein Pensionsfonds hält Aktien an einer Nahrungsmittelfirma. Dann fällt in China die Reisernte aus, und die Aktien des Nahrungsmittelkonzerns gehen in den Keller. Der Reispreis aber geht nach oben. Dem Pensionsfonds müsse es daher erlaubt sein, auf einen steigenden Reispreis zu wetten, um sich abzusichern.«[4] Spekulanten sollen ihr Kapital also immer absichern dürfen, auch wenn zahlreiche Menschen dadurch verhungern. Im Grunde wird hier eine Lizenz zum Massenmord gefordert. Wer nur noch Börsenkurse im Kopf hat, läuft Gefahr, seine Mitmenschen zu vergessen. Niemand zwingt uns, immer nach Profit zu streben. Kein Gesetz verbietet es uns, auch mal auf etwas zu verzichten, das uns rechtmäßig zusteht!

Welchen Sinn macht es, das eigene Kapital stets vermehren zu wollen? Falls ich mit einem Wetteinsatz von 100 € starte und 100 € hinzugewinne, kann ich danach mit 200 € wetten. Daraus kann ich vielleicht 400 € machen, womöglich auch 800 € oder 1600 €. Angenommen, ich könnte mein Kapital bis auf eine Milliarde Euro (1 000 000 000 €) steigern. Welche Konsequenz hätte das für meinen ursprünglichen 100 €-Schein? Er wäre dann nur noch ein Schein unter vielen und hätte an Bedeutung – also an Sinn! – verloren. So betrachtet ist das Streben nach materiellem Reichtum ein äußerst *sinnloses* Unterfangen.

In den Begriffen »sinnlos« und »sinnvoll« steckt das Wort »Sinn«. Etwas ist sinnvoll, wenn es nützlich ist, also einen *inneren* *Wert* besitzt. Demnach hat Sinn etwas mit Werten zu tun. Die Frage ist jedoch, ob es sich dabei um materielle oder um immaterielle Werte handelt. Materielle Werte sind stets flüchtig. Selbst Diamanten und Edelmetalle wie Platin oder Gold halten keiner Kernschmelze stand. Dagegen werden immaterielle Werte wie die Liebe oft als »ewige Werte« bezeichnet. Nicht nur Theologen behaupten, dass die Liebe stärker sei als der Tod. Viele Menschen, die dem Tod schon einmal sehr nahegekommen sind (sogenannte *Nahtoderfahrene*), sagen Ähnliches: Liebe verliert nicht an Wert. Auch dann nicht, wenn wir sie beliebig oft vervielfachen. »Liebe ist das Einzige, was wächst, indem wir es verschwenden«, wusste bereits die Dichterin und Philosophin Ricarda Huch. Das Gleiche trifft auch auf das Wissen beziehungsweise die Erkenntnis zu, worauf ich schon in früheren Büchern hingewiesen habe.[5] Damals verband ich aber Erkenntnis stets mit Wissenschaft – und Liebe mit Religion. Noch war ich nicht so weit, die enge Verknüpfung von Erkenntnis mit Liebe zu fühlen und zu denken. Den passenden Schlüssel, die *Spiritualität,* hatte ich zwar schon entdeckt, aber nicht gewagt, ihn konsequent einzusetzen. Heute stehe ich zu meiner Spiritualität und bin davon überzeugt, dass sowohl Wissenschaft als auch Religion von spirituellen Impulsen leben. *Spiritualität ist Wahrheit, die von innen kommt.*

Naturwissenschaftler, die sich von ihrer Spiritualität leiten lassen, sind längst keine »Spinner« mehr. Spätestens dann, wenn bestehende Theorien nicht mehr alle Beobachtungen erklären können, wird ein Umdenken erforderlich. Das gilt auch in Bezug auf drei fundamentale Rätsel der Physik, die bis heute nicht gelöst worden sind:

Sinn – was ist das eigentlich?

1) Nach der Quantentheorie können wir uns nicht einfach in irgendeine Ecke stellen und die Natur als unbeteiligte Zuschauer beobachten. Weshalb ist das so?

2) Einige Wissenschaftler forschen nach der sogenannten *Weltformel,* mit der sie alle Phänomene erklären wollen. Warum wurde diese Formel noch nicht gefunden?

3) Wir Physiker haben Theorien für dieses und jenes, aber uns fehlt ein schlüssiges Verständnis des Lichts. Wieso tappen wir ausgerechnet beim Licht im Dunkeln?

Im vorliegenden Buch werde ich zeigen, wie sich diese drei Rätsel mit ein und derselben Antwort lösen lassen. Eine dermaßen umfassende Antwort, die zudem noch einfach und in sich schlüssig ist, erfüllt meine Kriterien für Wahrheit. Was könnte sinnvoller sein als die Wahrheit?

Mit der Sinnfrage stellt sich auch prinzipiell die Frage nach dem Sinn von Wissenschaft. Aufgrund der steigenden Weltbevölkerung und der zunehmenden Umweltzerstörung wird der verfügbare Lebensraum pro Kopf immer enger. Politiker allein werden dieses gewaltige Problem nicht lösen können, solange sie den freien Kapitalmärkten eine höhere Priorität geben als dem Naturschutz und solange sie hilflos zusehen, wie die Kluft zwischen Arm und Reich immer größer wird. Wissenschaftliche Erkenntnis wird dringend benötigt, und ihr Sinn besteht zunächst ganz einfach darin, das Überleben der Menschheit auf dem Planeten Erde zu sichern. Zurzeit zerstören wir jeden Tag deutlich mehr Lebensraum, als wir neuen Lebensraum erschließen. Ohne Wissenschaft würde die Menschheit wahrscheinlich schon bald aus dem Prozess der Evolution ausscheiden.

Zum Aufbau des Buches:
Als Gliederung habe ich zehn elementare Fragen formuliert, die ich allen Leserinnen und Lesern ans Herz legen möchte, die wie ich auf Sinnsuche sind. Gleich die erste Frage »**Wer oder was ist Ich?**« beginnt mit einem Paukenschlag: Jeder von uns ist das Produkt einer schon mehr als vier Milliarden Jahre dauernden Evolution. In Anbetracht dessen wirkt die Vorstellung vieler Menschen, unersetzlich zu sein, geradezu grotesk. Mit der Frage Nr. 2 »**Was war vor dem Urknall?**« stelle ich unser Verständnis von Raum und Zeit auf die Probe. Wussten Sie, dass es *den* Raum und *die* Zeit überhaupt nicht gibt? Nach diesem Blick zurück in die Vergangenheit schauen wir mit der dritten Frage nach vorne: »**Gibt es eine Weltformel?**« Manche Physiker glauben, dass eine solche Formel Gott überflüssig machen könnte. Vielleicht erweist sich die fieberhafte Suche danach aber auch als ein Irrweg. Die nächste Frage »**Stellen sich Naturgesetze selbst auf?**« gibt uns erste Hinweise auf einen Gott, der so fundamental ist, dass niemand seine Existenz bestreiten kann, ob er religiös ist oder nicht. Mit der Frage Nr. 5 »**Lässt sich der Zufall ausschalten?**« greife ich einen Gedanken auf, der uns dem Sinn im Leben einen Riesenschritt näher bringen wird: Macht es Sinn, für etwas zu beten?

In der Mitte des Buches befasse ich mich mit dem reizvollen Thema »**Der Lichtspeicher**«. Niemand kann heute die spannende Frage beantworten, was das Licht eigentlich sei. Sicher ist, dass dem Licht in allen Weltreligionen eine göttliche Qualität zukommt und dass »Wellen« und »Teilchen« bloß physikalische Bilder sind, um dieses rätselhafte Mysterium zu veranschaulichen. Wirklich erfassen und begreifen können wir das Licht aber nicht. Dazu ist es uns stets einen Schritt voraus.

Naturwissenschaftliche Erkenntnis wächst derzeit so rasant, dass Gott oft nur noch als ein Lückenbüßer verstanden wird. Die sechste Frage »**Glauben Physiker noch an Gott?**« soll diesen Trend genauer unter die Lupe nehmen. In Wirklichkeit glauben wir Physiker nämlich mehr, als wir tatsächlich wissen. Die Frage Nr. 7 »**Was ist Ewigkeit?**« wird für uns zur Schlüsselfrage, weil sie wie keine andere über das Sein oder Nichtsein von Sinn entscheidet. Absichtlich nenne ich die Ewigkeit eine »physikalische Realität«, um dem Dialog zwischen Religion und Naturwissenschaft neue Impulse zu geben. Die achte Frage »**Wozu muss ich sterben?**« widmet sich einem Thema, das oft viel zu wenig Beachtung findet. Sie werden es kaum glauben, aber Sterben umfasst mehr als Leben! Ockhams Rasiermesser, ein äußerst wirkungsvolles Prinzip aus der Wissenschaftstheorie, soll uns bei der neunten Frage »**Was bleibt, wenn ich tot bin?**« auf die Sprünge helfen. Die Bilanz fällt zwar eindeutig aus, ist aber dennoch verblüffend. Meine Antwort auf die zehnte und letzte Frage »**Was ist der Sinn im Leben?**« ergibt sich von selbst, wenn Sie mir bis dorthin folgen. Mehr möchte ich hier noch nicht verraten. Werden Sie fündig!

Im Schlusskapitel »**Connectedness**« lasse ich meiner Spiritualität freien Lauf und zeige, wie alles mit allem verbunden ist. Schon Albert Einstein hatte einst erkannt:

> *»Naturwissenschaft ohne Religion ist lahm,*
> *Religion ohne Naturwissenschaft ist blind.«*[6]

Ich erlaube mir, sein Zitat wie folgt fortzuführen:

> *Naturwissenschaft ohne Spiritualität ist müde,*
> *Religion ohne Spiritualität ist tot.*

Das Wichtigste, was ich seit dem Schreiben meiner Bücher gelernt habe, ist die Offenheit gegenüber anderen Perspektiven. Bedeutende Naturwissenschaftler wie Charles Darwin, Albert Einstein und Werner Heisenberg forschten vor allem deshalb so erfolgreich, weil sie sich bewusst über bestehende Lehrmeinungen hinweggesetzt haben. Indem sie sich von der eigenen Intuition inspirieren ließen, erschlossen sie sich eine neue Sichtweise. Das Wort »Perspektive« stammt vom lateinischen *per* (hindurch) und *spectare* (schauen) ab. Je mehr Perspektiven ich einnehme, umso besser kann ich einen Sachverhalt durchschauen und beurteilen. Solange ich ein Haus nur von außen sehe, kann ich nicht wissen, wie es innen eingerichtet ist. Solange ich eine neue Theorie nur aus einer Perspektive bewerte, kann ich ihre wirkliche Tragweite nicht erfassen.

In meiner Theorie verquicke ich ganz bewusst Begriffe aus Physik und Theologie wie »Licht« und »Ewigkeit«, weil ich davon überzeugt bin, dass wir die Welt weder mit Naturwissenschaft noch mit Religion allein verstehen können. Es ist dieselbe Welt, die von Physikern und Theologen betrachtet wird. Also muss es auch möglich sein, diese Welt mit einer gemeinsamen Sprache zu beschreiben. Umso schmerzlicher war es, als mich die Fakultät für Physik und Astronomie der Universität Heidelberg darum bat, meine Lehrerlaubnis für das Fach Physik zurückzugeben. Dieser Bitte bin ich nicht nachgekommen, weil ich nichts behaupte, was nachweislich falsch ist. Abgesehen davon steht mir auch als Physiker das Recht zu, an einen Gott meiner Wahl zu glauben und mich öffentlich zu meinem Glauben zu bekennen. Insbesondere dann, wenn ich in meinen Büchern und Vorträgen stets ausdrücklich darauf hinweise, dass ich nichts beweise, sondern nur mein eigenes Weltbild vorstelle.

Nicht minder werde ich inzwischen von einigen Theologen attackiert. Natürlich bin ich theologisch ein Laie, wenn ich es als Physiker wage, die Ewigkeit zu deuten. Doch immerhin bin ich mutig genug, die Vorstellung von einem »Leben nach dem Tod« kritisch zu hinterfragen. Weder in der evangelischen noch in der katholischen Kirche besteht Einigkeit darüber, was mit dem »ewigen Leben« gemeint sei.

Mehrere Perspektiven schärfen den Blick. Gerade in unserer heutigen Zeit, die von rücksichtsloser Ausbeutung der Natur und sinnlosem Terror geprägt ist, müssen wir lernen, uns in andere Perspektiven hineinzuversetzen – in die Perspektiven von anderen Menschen, aber auch von Tieren und Pflanzen. Was für eine umfassende Perspektive mag wohl der Apple-Gründer Steve Jobs beim Sterben erlangt haben, als er kurz vor seinem Tod zu seiner Schwester sprach: »Oh wow! Oh wow! Oh wow!«[7]

Sinn ist objektiv und deshalb unabhängig davon, ob jemand arm ist oder reich. Wenn ich heute über den Sinn im Leben nachdenke, bin ich mir des großen Zufalls bewusst, mit wie viel Liebe und Bildung ich aufwachsen durfte. Dafür bin ich dankbar. Es beschämt mich zu wissen, dass so viele Kinder ohne ein Zuhause und ohne eine Schulbildung auskommen müssen, während sich die Ich-Blase in den Industriestaaten immer weiter ausdehnt. Wenn jeder nur noch an sich denkt, denkt bald niemand mehr an uns! Die Welt könnte eine viel bessere sein, wenn wir allen Menschen den Zugriff auf Liebe und auf Bildung ermöglichen. Allein dafür lohnt es sich, Bücher zu schreiben – und zu lesen.

Markolf H. Niemz

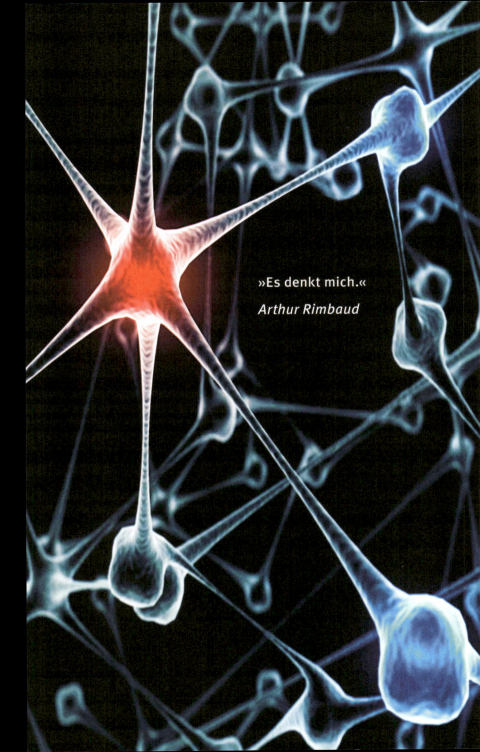

»Es denkt mich.«

Arthur Rimbaud

Frage 1:
Wer oder was ist Ich?

Herzlichen Glückwunsch! Sie haben das große Los gezogen. Der Hauptgewinn gehört Ihnen, und Sie wissen es vielleicht gar nicht. Sie haben nämlich nichts für Ihr Los bezahlt. Es wurde Ihnen einfach geschenkt.

Wann es Ihnen geschenkt wurde? Das ist schon eine Weile her. Etwas genauer: Es ist Ihr ganzes Leben lang her. Noch genauer: Es war neun Monate, bevor Sie geboren wurden.

Was Sie gewonnen haben? Eine Eintrittskarte! Nein, nicht für Borussia Dortmund, und auch nicht für Herbert Grönemeyer. Auf Ihrem Los sind nicht nur sechs richtige, sondern 46 richtige Kreuzchen. Menschen mit *Trisomie 21* verfügen sogar über 47 richtige Kreuzchen. Kreuzförmige Chromosomen öffnen uns allen die größte Bühne der Welt: das Leben (siehe Abbildung 1).

Abb. 1: Chromosomensatz eines Menschen

Weshalb sind Ihre Kreuzchen *richtig*? Weil das die einzige Kombination ist, aus der *Sie* entstehen konnten. Wenn auch nur ein Kreuzchen anders wäre, hätten diese Chromosomen nicht Sie ergeben, sondern jemand anderen. Nicht Sie würden jetzt diesen Satz lesen, sondern jemand anderes. Es sind die Ihnen eigenen Lebenskreuzchen.

Die spannende Frage ist, wer oder was diese Kreuzchen für Sie gemacht hat. Ihre Eltern? Nun, Ihre Eltern waren gewiss beteiligt. Je eine Hälfte der Chromosomen stammt von Ihrer Mutter und von Ihrem Vater. Doch auch viele andere Architekten hatten ein Wörtchen bei Ihrem Bauplan mitzureden: Ihre Großeltern, Urgroßeltern, Ururgroßeltern, Urururgroßeltern. Die Spur, die zu Ihrem Erbgut führt, durchzieht unzählige Generationen von Menschen, Tieren und Pflanzen bis hin zu den allerersten Einzellern. Ihre Lebenskreuzchen sind das Ergebnis einer schon mehr als vier Milliarden Jahre dauernden Evolution.[8] So viel Vorarbeit, damit es Sie heute gibt. Wenn das kein Losglück ist!

Ihre Chromosomen bestimmen darüber, welchen Körper Sie haben. Er ist ein wichtiges Instrument für Sie, aber Sie sind nicht Ihr Körper. Sie haben nämlich auch noch Gefühle und Erfahrungen, und diese hängen nicht mehr von Ihren Chromosomen ab, sondern von Ihrer räumlichen, zeitlichen und sozialen Umgebung. Also vom Ort und von der Epoche, in der Sie leben, und von den Lebewesen, denen Sie begegnen. Allerdings bestehen Sie auch nicht aus Gefühlen und Erfahrungen, denn Sie leben, das aber heißt, Sie nehmen aktiv am ganzen Geschehen teil. So aktiv, dass Sie vielleicht irgendwann die Frage nach dem Sinn im Leben stellen. Um darauf schlüssig antworten zu können, müssen wir zunächst klären, wer wir überhaupt sind.

Die Zutaten des Selbst

Wer oder was ist Ich? Schon viele bedeutende Philosophen und Psychoanalytiker haben sich ihre klugen Köpfe darüber zerbrochen, ob und was das Ich eigentlich sei. Der vielleicht bekannteste Hinweis auf das Ich stammt vom französischen Philosophen und Mathematiker René Descartes: »Ich denke, also bin ich.«[9] Seine Folgerung mag uns zunächst schlüssig erscheinen, aber beim genauen Hinsehen entpuppt sie sich als sogenannter *Zirkelschluss*. Die Feststellung »ich denke« setzt nämlich bereits ein Ich voraus. Daraus lässt sich nicht folgern, dass das Ich unabhängig vom Denken existiert. Abbildung 2 zeigt kein Ich, sondern einen denkenden Körper.

Abb. 2:
Der Denker von Auguste Rodin

Anders als Descartes leitete der deutsche Philosoph Johann Gottlieb Fichte das Ich nicht vom Denken ab, sondern vom Handeln: »Das Ich setzt sich selbst. Es ist zugleich das Handelnde und das Produkt der Handlung.«[10] Fichte tappte also nicht in die Falle, in die Descartes gestolpert war. Geschickt verknüpfte er Ursache und Wirkung zu einem Ganzen: dem Ich. Gleichwohl blieb uns auch Fichte den Beweis schuldig, dass seine Ich-Konstruktion wirklich existiert. Sie wirkt wie die abstrakte Definition von etwas, das wir wahlweise »Ich« nennen können oder eben nicht. Der holländische Philosoph Baruch de Spinoza hatte Ursache und Wirkung in ähnlicher Weise kombiniert. Allerdings meinte er damit nicht das Ich, sondern Gott. Spinoza sprach von der *natura naturans,* also der schöpferischen Natur.[11] In Spinozas Pantheismus ist sie

Schöpfer und Schöpfung zugleich. Ist das Ich vielleicht nur eine flüchtige Erscheinung, in der sich die Natur ihrer selbst bewusst wird?

Auch der schottische Philosoph und Ökonom David Hume hat intensiv über das Ich nachgedacht. Anders als Descartes und Fichte kam er aber zu dem Schluss, dass es das Ich gar nicht gibt. Gäbe es ein Ich, müsste es auf einem konstanten Sinneseindruck beruhen. Nach Hume existiert jedoch immer nur eine Abfolge von Sinneseindrücken – nichts Konstantes, das mit einem Ich gleichgesetzt werden könnte.[12] Mit seinen Gedanken hat Hume den Weg für viele moderne Auffassungen vom Ich geebnet, kam aber selbst nicht auf die Idee, ihn zu gehen: Wenn das Ich nicht statisch sein kann, dann ist es womöglich dynamisch – ein Prozess! Ein Siebzigjähriger ist nicht mehr derselbe Mensch, der er als Zehnjähriger war. Er hat andere Gedanken, andere Gefühle und sogar einen anderen Körper. Die meisten Zellen in unserem Körper erneuern sich alle paar Jahre, ohne dass wir es bemerken.[13] Jedes Ich verändert sich, solange es existiert. Dass es hierbei dennoch seine Identität bewahrt, stimmt möglicherweise nur im Rahmen unserer Rechtsprechung.

Der Gedanke, dass ich im Grunde ein Prozess bin, ist sicher gewöhnungsbedürftig. Es wäre hilfreich, wenn wir dem Ich ein dynamisches Wort zuweisen könnten, aber unsere Sprache lässt das nicht zu. Sie kennt nur das statische Pronomen »ich«, aber kein dynamisches Verb »ich-en«. Dennoch gibt es einen Trick, wie wir unsere Aufmerksamkeit vom Ich hin zu einer Tätigkeit lenken können. Der französische Dichter Arthur Rimbaud macht es uns vor: »Es ist falsch zu sagen: Ich denke. Man müsste sagen: Es denkt mich.«[14] Eigentlich wollte Rimbaud damit zum Ausdruck bringen, dass ich nur das Gedachte bin und nicht der Denkende, wie es Descartes angenommen hatte. Rimbauds Eingebung ist aber noch viel tiefsinniger. Indem er das Subjekt »ich« zum Objekt macht, tritt die Tätigkeit des Denkens in den Vordergrund. Autogenes Training und viele Meditationstexte machen sich genau diesen Trick zunutze, wenn sie uns die folgende Redeformel abverlangen: »Es atmet mich.« Dabei verlagert der Meditierende seine Aufmerksamkeit auf das Atmen. Bei manchen Verben sind uns sogar beide Varianten geläufig: »Ich freue mich« und »es freut mich«. Probieren Sie es doch bei Ihrem nächsten Vorhaben aus! Es tanzt mich …

Der deutsche Künstler Hans Traxler hat dem Ich ein Denkmal gewidmet, das in Frankfurt am südlichen Mainufer zu sehen ist (siehe Abbildung 3). Es besteht aus einem Sockel, auf dem jedoch keine Statue steht. Dafür lädt eine dreistufige Treppe zum Besteigen des Sockels ein. Die Inschrift »jeder Mensch ist einzigartig« motiviert viele Spaziergänger, sich darauf fotografieren zu lassen. Das Ich setzt sich selbst ein Denkmal.

Abb. 3:
Das Ich-Denkmal von Hans Traxler

Der österreichische Arzt Sigmund Freud befasste sich zum ersten Mal systematisch mit der Identität des Menschen. Er unterteilte die menschliche *Psyche* in insgesamt drei Strukturen:[15] 1) ein unbewusstes *Es*, das die Instinkte und Triebe umfasst; 2) ein bewusstes *Ich*, das fühlen und denken kann; 3) ein *Über-Ich*, das die Funktion des Gewissens einnimmt und erworbene Vorstellungen von Gut und Böse beinhaltet. Nach Freud entstehen das Ich und das Über-Ich aus dem Es. Sein Strukturmodell der Psyche wird bis heute sehr kontrovers diskutiert. Es ist Freuds Verdienst, die Erforschung des Unbewussten angepackt zu haben. Die Wissenschaftlichkeit seiner Methoden wird aber oft in Frage gestellt.

Die moderne Psychoanalyse befasst sich gar nicht mehr mit dem Ich, sondern sie bemüht sich, mit möglichst objektiven Methoden das sogenannte *Selbst* zu erforschen. Es war der österreichische Psychoanalytiker Heinz Hartmann, der diesen Begriff in die Psychologie einführte, weil er im Freudschen Modell der Psyche einen wichtigen Aspekt vermisst hatte. Was ist dasjenige, das Beziehungen zu Objekten und anderen Personen eingehen kann? Hartmann nannte es das »Selbst«.[16] Jedoch ließ sich auch das Selbst bis heute nicht dingfest machen.

Logisch betrachtet ist »selbst« ein problematischer Begriff. Der griechische Gelehrte Epimenides hatte bereits erkannt, dass eine Behauptung nicht entscheidbar ist, wenn sie etwas über sich selbst aussagt.[17] Zum Beispiel ist die Behauptung »diese Aussage ist falsch« weder wahr noch falsch. Falls sie wahr wäre, würde sie sich selbst als falsch erklären; falls sie aber falsch wäre, würde sie sich selbst als wahr erklären. In der Mathematik wurden viele Untersuchungen zum Selbstbezug durchgeführt. Der österreichische Mathematiker Kurt Gödel formulierte die sogenannten *Unvollständigkeitssätze*, denen zufolge es immer Aussagen über Zahlen gibt, die sich weder beweisen noch widerlegen lassen.[18] Auch die Grundfrage dieses Kapitels ist selbstbezüglich: »Wer oder was ist Ich?« Der Fragesteller hinterfragt sich, als wäre er zugleich innerhalb und außerhalb seiner selbst. Selbstbezug lässt sich mit einem in sich verdrehten *Möbiusband* veranschaulichen, das von den deutschen Mathematikern August Möbius und Johann Listing untersucht wurde. Es scheint eine Innenseite und eine Außenseite zu haben, besteht aber in Wirklichkeit aus nur einer Oberfläche (siehe Abbildung 4).

Abb. 4: Ein Möbiusband

Es ist wohl diese Faszination, die vor allem die Hirnforscher beflügelt, die Analyse ihres eigenen Ichs immer noch nicht aufzugeben. Mit speziellen, bildgebenden Verfahren untersuchen sie die Aktivitäten des Gehirns – mit denkwürdigem Ergebnis. Es soll nicht bloß *ein* Ich geben, sondern mehrere Ich-Zustände, die sich in unterschiedlichen Gehirnregionen nachweisen lassen: ein *Körper-Ich,* das mich meinen Körper spüren lässt; ein *Verortungs-Ich,* das mir meine Position im Raum vermittelt; ein *perspektivisches Ich,* das mich als ein Zentrum erleben lässt; ein *Handlungs-Ich,* das mich meine Tätigkeit wissen lässt; ein *autobiografisches Ich,* das mich stets dieselbe Person sein lässt; ein *reflexives Ich,* das mich über mich nachdenken lässt; ein *ethisches Ich,* das meinem Gewissen entspricht.[19] Diese Ich-Zustände können bei verschiedenen Menschen unterschiedlich stark ausgeprägt sein. Wenn ein Ich-Zustand eine Fehlfunktion aufweist, sprechen Hirnforscher von einer »Störung«. Doch auch diese Auffassung vom Ich wirft Fragen auf: Lässt sich das Ich wirklich in Komponenten zerlegen? Haben autistische Menschen ein gestörtes Ich oder ein anderes Ich? Ist das Ich ein »unglaublich komplizierter Vorgang im Gehirn«, wie es der deutsche Philosoph Richard David Precht ausdrückt?[20]

Weder Philosophen, noch Psychologen, noch Hirnforscher haben es geschafft, das Geheimnis des Ichs vollends zu lüften. Physikern wird das auch nicht gelingen, zumal das Ich kein Gegenstand der Physik ist. Dennoch können Physiker zu dieser Diskussion beitragen, vor allem dann, wenn es um das Aufdecken von Zusammenhängen geht. Spätestens mit der Quantentheorie haben wir Physiker nämlich gelernt, wie wichtig es ist, ganzheitlich zu denken. Die Quantentheorie wurde in den Jahren 1925 bis 1935 von mehreren brillanten Physikern erarbeitet, insbesondere von Werner Heisenberg, Erwin Schrödinger, Niels Bohr, Max Born und Paul Dirac. Den Anstoß für die Quantentheorie gab jedoch der deutsche Physiker Max Planck bereits im Jahr 1900, als er eine sehr gewagte Annahme machte:[21] Energie lässt sich nicht kontinuierlich austauschen, sondern nur sprunghaft in sogenannten *Quanten*. Werner Heisenberg[22] und Erwin Schrödinger[23] gelang es, diese bahnbrechende Hypothese in eine geeignete Theorie einzubetten.

Bevor ich den Bezug der Quantentheorie zum Ich herstelle, möchte ich sie zunächst würdigen: Sie bildet neben der Relativitätstheorie, mit der wir uns im nächsten Kapitel befassen werden, eine der beiden Säulen, auf denen die moderne Physik beruht. Die Quantentheorie hat uns viele technische Errungenschaften beschert, wie den Fernseher, den Computer, den Laser, das Elektronenmikroskop und die Kernkraft. Daran lässt sich gut erkennen, dass diese Theorie kein Hirngespinst der Physik ist, sondern eine adäquate Beschreibung der Wirklichkeit ermöglicht. Die Wirklichkeit schließt aber das Ich mit ein; und genau das ist der Grund, weshalb diese physikalische Theorie auch dem Beobachter (dem Ich) eine zentrale Rolle zuweist. Die wichtigste Botschaft der Quantentheorie lautet nämlich, dass wir in dieser Welt keine unbeteiligten Zuschauer sind. Jeder Beobachter ist untrennbar mit seiner Umgebung verbunden. Sie beide wechselwirken pausenlos miteinander, das heißt, die Umgebung wirkt auf ihren Beobachter, aber ein Beobachter wirkt auch auf seine Umgebung. Das Ich und die Natur bilden eine untrennbare Einheit. Daraus folgt unmittelbar, dass das *isolierte* Ich eine Illusion sein muss. Der holländische Künstler Maurits Cornelis Escher hat diese Illusion in vielen seiner Zeichnungen veranschaulicht (siehe Abbildung 5). Auch hier entsteht die Illusion durch einen Selbstbezug.

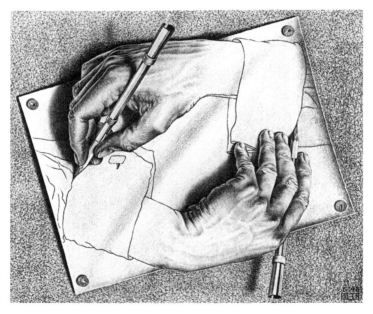

Abb. 5: Zeichnende Hände von M. C. Escher

Nach der Quantentheorie ist das Ich weder ein Subjekt (wie in der Philosophie) noch ein Objekt (wie in der Psychologie oder Hirnforschung). Es ist jedoch auch nicht Subjekt und Objekt zugleich wie bei Fichte. Das Ich kann bloß als Verb umschrieben werden, nämlich als das Wechselwirken eines Körpers mit seiner Umgebung: Ich bin ein Agieren und ein Reagieren. Demnach ist das Ich tatsächlich ein Prozess. Es vollzieht sich, um etwas zu erschaffen!

Ich bin also keine Person, sondern eine Tätigkeit. Womöglich denken Sie jetzt, der Niemz spinnt. Zu dumm, dass ich Ihnen nicht das Gegenteil beweisen kann. Ich lade Sie aber herzlich ein, kurz über Ihr eigenes Ich nachzudenken: Was macht Sie zu einem Ich? Vielleicht Ihr Körper? Ich bestreite nicht, dass Sie einen Körper haben. Ausschlaggebend ist das Wort »haben«: Sie *haben* einen Körper, aber Sie *sind* nicht Ihr Körper. Sie fühlen und lernen mit Ihrem Körper, indem Sie atmen, trinken, essen, sehen, hören, riechen, schmecken, tasten, kommunizieren, sich bewegen, sich erinnern, gestalten, denken und noch vieles mehr.

Wenn Sie somit nicht Ihr Körper sind, was ist dann Ihr Ich? Vielleicht das, was Sie fühlen und lernen, also Ihre Gefühle und Ihre Erfahrungen? Ich bestreite gar nicht, dass Sie auch über diese Zutaten verfügen, wobei ich Ihr wertvollstes Gefühl und Ihre wertvollste Erfahrung (Ihre Liebe und Ihre Erkenntnis) als Ihre »Seele« bezeichne. Meine Beweggründe für diese Definition werde ich in einem späteren Kapitel erläutern. Doch auch hier gilt: Sie *haben* eine Seele, aber Sie *sind* nicht Ihre Seele. Die Seele speichert die höchsten Werte, die Sie in Ihrem Leben erschaffen. Wer oder was ist also das Ich? *Ich bin ein Fühlen und Lernen, das heißt ein Verb!* Meine Zutaten sind mein Körper und meine Seele.

Vielleicht wenden Sie nun ein, dass Sie sich in einem Spiegel oder auf einem Passfoto als eine Person erkennen – und nicht als ein Verb. Doch stimmt das auch? Sind das wirklich Sie im Spiegel und auf dem Passfoto, oder sind es vielmehr Abbildungen von Ihrem Körper? Können denn Ihre Spiegelbilder und Passfotos auch etwas fühlen und lernen wie Sie? Haben denn Ihre Spiegelbilder und Passfotos auch Gefühle und Erfahrungen wie Sie?

Völlig abwegig kann meine Auffassung vom Ich nicht sein. Sie beruht auf der Feststellung, dass das Ich untrennbar mit Tätigkeiten verbunden ist. Außerdem bietet sie endlich eine schlüssige Erklärung dafür, dass sich nirgendwo im Körper ein Ich-Zentrum auffinden lässt: Lokalisierbar ist ein materielles Subjekt oder Objekt, aber kein Verb. Probieren Sie es doch aus, falls Sie skeptisch sind! Charakterisieren Sie sich so, wie Sie sich in den letzten 15 Minuten erlebt haben: Ich las, ich lernte, ich fühlte, ich dachte. Fällt Ihnen etwas auf? Ihr Ich existiert nur in Verbindung mit Tätigkeiten. Weil es sich nicht davon isolieren lässt, lebt es durch sein Tun.

Die Quantentheorie widerspricht der Auffassung vom isolierten Ich. Dass auch *der* Raum und *die* Zeit nur Illusionen sind, wird sich im folgenden Kapitel zeigen.

Das Wichtigste in Kürze

- Alle meine Lebenskreuzchen sind richtig.
- Ich *habe* einen Körper und eine Seele.
- Ich *bin* ein Fühlen und Lernen.

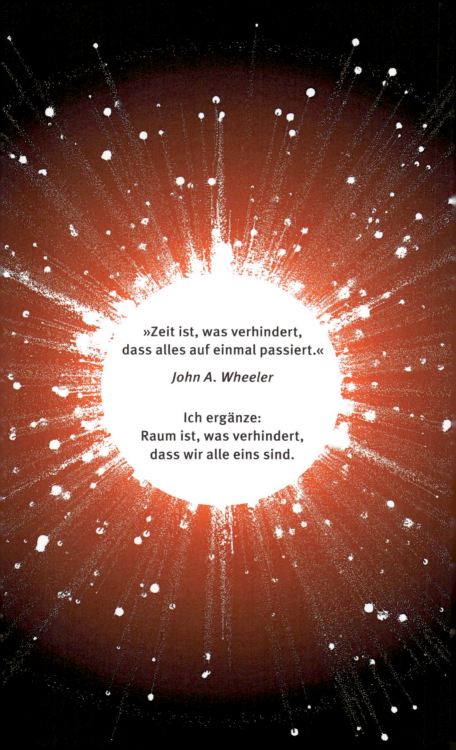

»Zeit ist, was verhindert,
dass alles auf einmal passiert.«

John A. Wheeler

Ich ergänze:
Raum ist, was verhindert,
dass wir alle eins sind.

Frage 2:
Was war vor dem Urknall?

Es ist ein lauer Samstagvormittag im März. Der Radiomoderator Wolfgang Heim hat mich in seine Livesendung *SWR 1 Leute* eingeladen, um zu erfahren, weshalb ich mich als Physiker mit Nahtoderfahrungen befasse. Während des anregenden Gesprächs fragt er mich ganz unvermittelt: »Und was war vor dem Urknall, Herr Niemz?« Seine Frage klingt recht harmlos, doch sie hat es in sich! Sie setzt nämlich ein Szenario voraus, das die Urknalltheorie überhaupt nicht vorsieht: eine Zeit vor der Zeit.

Nach dem heutigen Standardmodell der Kosmologie gilt der Urknall als Beginn des Universums. Der Begriff »Urknall« geht auf eine Äußerung des britischen Astronomen Sir Fred Hoyle aus dem Jahr 1949 zurück.[24] Hoyle selbst glaubte bis zu seinem Tod nicht an den Urknall, sprach aber gerne vom »Big Bang«, um auf den größten Schwachpunkt eines dynamischen Universums hinzuweisen. Ein solches Universum wurde erstmals im Jahr 1931 von dem belgischen Physiker und Theologen Georges Lemaître beschrieben.[25] Demnach sollen Raum und Zeit gemeinsam aus einem ursprünglichen Punkt (einer sogenannten *Singularität*) entstanden sein. Die gesamte Energie sei zunächst in diesem heißen Punkt konzentriert gewesen und habe sich erst viel später infolge der Ausdehnung und Abkühlung in Materie umgewandelt. Aber was könnte damals geknallt haben, als es noch keine Materie gab, also auch keinen Schall? Nichts! Im Wort »Knall« steckt alles, was wir im Grunde nicht verstanden haben. Es verdeckt unsere eigene Unwissenheit.

Wir tappen heute bei der Urknallforschung ebenso im Dunkeln wie bei der Suche nach kleinsten Materieteilchen, weil wir in beiden Fällen eine Annahme machen, die vermutlich nicht der Wirklichkeit entspricht: Je genauer wir ein Objekt oder einen Vorgang erforschten, umso schärfer würde unser Blick darauf werden. Dahinter steckt der Wunsch, wir könnten etwas besser verstehen, wenn wir es mit einem Teleskop oder Mikroskop untersuchen. Doch die Quantentheorie lehrt uns, dass die Natur ein großes Ganzes ist. Jeder Versuch, sie zu zerlegen, erzeugt ein trügerisches Bild. Wenn wir ein Lebewesen zerlegen, um es unter dem Mikroskop zu betrachten, können wir vielleicht seine Bestandteile identifizieren, aber es lebt nicht mehr! Statt eines Mikroskops sollten wir vielmehr ein Weitwinkelobjektiv verwenden, um die Natur als ein Ganzes zu erfassen. Allerdings müssen wir den Winkel dabei so groß wählen, dass wir selbst zum Gegenstand der Betrachtung werden. In diesem Punkt unterscheidet sich die westlich dominierte Urknallforschung grundlegend von der fernöstlichen Ganzheitslehre *Advaita*.[26]

Advaita (auf Deutsch: Nicht-Zweiheit) bedeutet, dass es bei *einer* Welt nicht angemessen ist, von verschiedenen Teilen zu sprechen. Folglich kann ich die Welt gar nicht verstehen, wenn ich sie in Teile zerlege oder mich als von ihr getrennt begreife. Ich muss eins mit der Welt sein, um sie zu verstehen. Viele Astrophysiker tun aber so, als wäre die Welt vor etwa 14 Milliarden Jahren in einem Schauspiel entstanden, das sie heute wie unbeteiligte Zuschauer analysieren könnten. Mit umfangreichen Theorien tasten sie sich bis auf wenige Billionstel Sekunden an den Ursprung des Universums heran und behandeln Zeit dabei wie ein Objekt. Doch nach der Quantentheorie gibt es keine unbeteiligten Zuschauer in dieser Welt. Wir sind die Schauspieler!

Es ist keineswegs bewiesen, dass der Urknall wirklich stattgefunden hat. Für ihn spricht unter anderem, dass sich alle Galaxien wie nach einer gewaltigen Explosion voneinander entfernen und dass der Kosmos aus allen Richtungen gleichmäßig strahlt. Die Urknalltheorie kommt jedoch nicht ohne spekulative Annahmen aus: Die gleichmäßige Hintergrundstrahlung weist geringe Temperaturunterschiede auf (siehe Abbildung 6),[27] die damit erklärt werden, dass sich der Kosmos kurz nach dem Urknall schneller als Licht ausgedehnt haben soll. Außerdem haben ferne Galaxien eine unerwartet hohe Fluchtgeschwindigkeit, für die eine noch unbekannte, »dunkle« Energie verantwortlich gemacht wird.[28] Niemand weiß, was sich dahinter verbirgt.

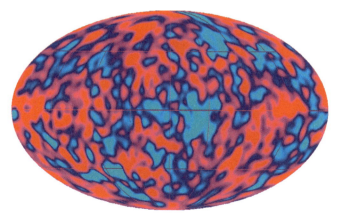

Abb. 6: Kosmische Hintergrundstrahlung

Die meisten Physiker glauben dennoch an die Theorie vom Urknall, weil sie am besten mit der gewaltigen Datenmenge in Einklang zu bringen ist, die uns die vielen Teleskope aus dem Weltraum übermitteln. Es mag also durchaus zutreffen, dass die gesamte Energie des Universums vor etwa 14 Milliarden Jahren in einem heißen Punkt konzentriert war. Die weit verbreitete Hypothese, dass Raum und Zeit gemeinsam mit dem Urknall entstanden seien, halte ich aber inzwischen für logisch falsch.[29] Raum und Zeit können überhaupt nicht entstehen, weil sie sich selbst voraussetzen: Jedes Entstehen (also auch ein Entstehen von Zeit) ist ein Werden, *und jedes Werden setzt die Existenz von Zeit voraus.* Jedes Entstehende (also auch ein entstehender Raum) ist ein Sein, *und jedes Sein setzt die Existenz von Raum voraus.* In keiner noch so komplexen Urknalltheorie lässt sich die Geburt von Raum und Zeit verstecken, weil sie nie möglich war. Zeit ist keine Linie mit einem Anfang und einem Ende (wie in Abbildung 7). Entsprechend ist Raum kein Volumen mit einem Mittelpunkt und einem Rand (wie in Abbildung 8).

Urknall   5   10   15 Milliarden Jahre   Ende

Abb. 7: Zeit als Linie mit Anfang und Ende

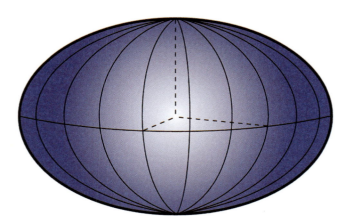

Abb. 8: Raum als Volumen mit Mittelpunkt und Rand

Die Illusion von Raum und Zeit

Um zu verstehen, was Raum und Zeit wirklich sind, werden wir uns nun erst mit der sogenannten *speziellen* Relativitätstheorie befassen, die Albert Einstein im Jahr 1905 publiziert hat.[30] Zehn Jahre später legte er die *allgemeine* Relativitätstheorie nach,[31] die wir im folgenden Kapitel thematisieren werden. Nach der speziellen Relativitätstheorie haben zwei Beobachter verschiedene Vorstellungen von Raum und Zeit, sobald sie sich relativ zueinander bewegen. Messbar ist der Effekt aber nur bei sehr hohen Geschwindigkeiten unterhalb der Lichtgeschwindigkeit (299 792,458 km/s). In der oberen Bildhälfte von Abbildung 9 beobachtet Albert Einstein von der Erde aus, wie ein Raumschiff zum Mond fliegt. Die Unschärfe des Raumschiffs soll andeuten, dass es sich aus Einsteins Perspektive bewegt. In der unteren Bildhälfte finden Sie Werner Heisenberg auf genau diesem Raumschiff. Hier sind die Erde und der Mond unscharf, weil sie sich aus Heisenbergs Perspektive bewegen.

Abb. 9: Raum in der speziellen Relativitätstheorie

Wir wollen nun annehmen, dass das Raumschiff mit 87 Prozent der Lichtgeschwindigkeit unterwegs sei. In diesem Fall sagt die spezielle Relativitätstheorie voraus, dass die räumliche Distanz zwischen Erde und Mond für Heisenberg nur noch halb so groß ist wie für Einstein. Eine genaue Betrachtung zeigt, dass dreidimensionale Objekte außerdem für den sich bewegenden Beobachter gedreht erscheinen. Weil eine gedrehte Kugel wieder kreisrund aussieht, behalten die Erde und der Mond für Heisenberg ihre Kugelgestalt bei.[32]

Bitte betrachten Sie jetzt die Abbildung 10! Die Stoppuhren zeigen an, wie lange das Raumschiff von der Erde bis zum Mond unterwegs ist. Wenn das Raumschiff mit 87 Prozent der Lichtgeschwindigkeit fliegt, wird Heisenbergs Stoppuhr nur halb so viele Sekunden wie Einsteins Stoppuhr messen, weil auch die räumliche Distanz zwischen Erde und Mond für Heisenberg auf die Hälfte geschrumpft ist.

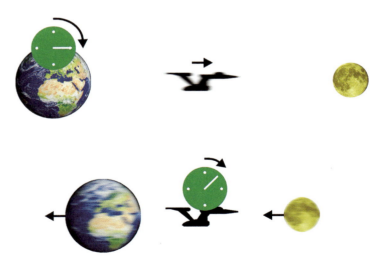

Abb. 10: Zeit in der speziellen Relativitätstheorie

Dass Einstein und Heisenberg unterschiedliche Messwerte erhalten, liegt *nicht* daran, dass ihre Lineale womöglich verschieden geeicht sind oder dass die Batterie einer Uhr vielleicht zu schwach ist. Auch wenn Einstein und Heisenberg baugleiche Lineale, baugleiche Uhren und frische Batterien verwenden, werden die Messwerte voneinander abweichen. Die Relativität von Raum und Zeit mag uns noch so eigenartig erscheinen, aber bis heute hat kein Experiment sie widerlegen können. Offensichtlich sind Raum und Zeit keine universellen (also auf das gesamte Universum bezogenen) Strukturen. Es gibt weder *den* Raum noch *die* Zeit, sondern jedes Objekt hat – in Abhängigkeit von seiner Perspektive – seine eigenen Maßstäbe für Raum und Zeit. Das aber heißt: Für jedes Objekt spaltet sich die Wirklichkeit in ein fiktives und darum grenzenloses Geflecht aus räumlichen und zeitlichen Distanzen auf (siehe die Abbildungen 11 und 12).

Urknall   jetzt

Abb. 11: Grenzenlose Zeit bestehend aus Distanzen

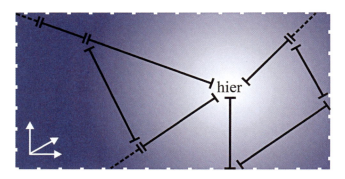

Abb. 12: Grenzenloser Raum bestehend aus Distanzen

Eine Distanz ist die Differenz zu einem Bezugspunkt, also eine Art »dazwischen«. Aussagen wie »der Mount Everest ist 8848 Meter hoch« oder »ich bin im Jahr 1964 geboren« wären sinnlos, wenn wir nicht unbewusst Bezüge herstellen würden: »über dem Meeresspiegel« oder »nach Christi Geburt«. Dabei ist das Dazwischen dehnbar. Sobald sich zwei Beobachter relativ zueinander bewegen, werden ihre Messwerte für Distanzen voneinander abweichen.

Was hat das alles mit dem Urknall zu tun? Nach dem bisher Gesagten hat das Universum weder einen Mittelpunkt, noch einen Rand, noch einen Anfang, noch ein Ende. Der Urknall hat bewirkt, dass sich Energie in Materie umwandeln konnte. Er markiert jedoch nicht die Geburt von Raum und Zeit. Doch was war denn nun vor dem Urknall, als es noch keine Materie gab? *Nicht nichts, sondern Energie.* Geballte Energie! In der Physik ist die Energie eine Erhaltungsgröße: Sie lässt sich weder erzeugen noch vernichten, sondern nur von einer Energieform (zum Beispiel »Bewegungsenergie«) in eine andere Energieform (zum Beispiel »Wärme«) umwandeln. Die gesamte im Universum enthaltene Energie ist und bleibt konstant. Aus einem für uns nicht ersichtlichen Grund hat diese Energie »entschieden«, sich zu teilen und dadurch eine Entwicklung in Gang zu setzen, die vielleicht nie mehr enden wird: ein Entstehen und Vergehen von Galaxien, von Sternen, von Planeten und von Lebewesen.

Warum habe ich dem Urknall ein ganzes Kapitel gewidmet? Die Antwort hat mit dem Sinn zu tun, nach dem wir suchen. Die Erkenntnis, dass der Urknall nicht der Beginn von allem gewesen sein kann, halte ich für besonders aufschlussreich. Wenn es gar nichts vor dem Urknall gegeben hätte, läge der Schluss nahe, dass das gesamte Universum nur ein Zufallsprodukt wäre. In diesem Szenario hätte ein wie auch immer gearteter Sinn keinen Platz. Allein die Tatsache, dass etwas schon vor dem Urknall existiert hat und ihn womöglich ausgelöst hat, macht plötzlich ein anderes Szenario wahrscheinlich: Der Urknall hatte einen Sinn und vermutlich auch alles Leben, das aus ihm hervorgegangen ist. Dieser Sinn könnte mit Raum und Zeit zusammenhängen, also mit den Strukturen, in die wir die Wirklichkeit aufspalten.

Ich habe diesem Kapitel ein Zitat des amerikanischen Physikers John Archibald Wheeler vorangestellt: »Zeit ist, was verhindert, dass alles auf einmal passiert.«[33] Damit trifft er den Nagel auf den Kopf. Zeit ermöglicht ein Nacheinander. Entsprechend ermöglicht Raum ein Gegenüber. Ohne Raum gäbe es keinen Unterschied zwischen Du und Ich, das heißt, wir alle wären eins. Dem Sinn von Raum und Zeit kommen wir also schon auf die Spur: *Raum sorgt für Vielfalt, Zeit für Veränderung.*

Die spezielle Relativitätstheorie lässt uns Raum und Zeit als objektbezogene Strukturen begreifen. Im folgenden Kapitel werden wir erörtern, ob auch alles andere im Universum mit einer physikalischen Theorie erfasst werden kann.

Das Wichtigste in Kürze

- Vor dem Urknall war nicht nichts.
- Das Universum ist ohne Anfang und Ende.
- Raum sorgt für Vielfalt, Zeit für Veränderung.

$$E = mc^2$$

»Erstaunlich, dass die Wissenschaft
auf dem falschen Wege erkennt,
dass sie gar nicht auf dem richtigen Weg ist.«

Hans-Peter Dürr

$$H\Psi = E\Psi$$

Frage 3:
Gibt es eine Weltformel?

Die Situation, in der sich die Physik gegenwärtig befindet, lässt sich mit dem Wort »paradox« kennzeichnen. Bei der Erforschung des *großen* Universums hat die Astrophysik beachtliche Erfolge erzielen können. Das Gebiet der *kleinen* Teilchen lässt sich mit der Quantentheorie sehr gut verstehen. Somit können wir Physiker einerseits den Makrokosmos und andererseits den Mikrokosmos beschreiben, aber unsere Theorien für das große Universum und für die kleine Quantenwelt sind nicht miteinander kompatibel. Das Problem besteht darin, dass es bisher nicht gelungen ist, die Schwerkraft zu *quantisieren,* das heißt, in kleinste Portionen aufzuteilen. Eine solche Beschreibung der Schwerkraft wäre notwendig, um eine gemeinsame Theorie für alle physikalischen Kräfte formulieren zu können.

Wie konnte die Physik in diese missliche Lage geraten? Die Antwort ist einfach: Physiker in der Grundlagenforschung untersuchen entweder sehr kleine und leichte Objekte (wie Atome und ihre Bestandteile) oder riesengroße und schwere Objekte (wie Sterne und Galaxien), aber nur selten das eine *und* das andere. Teilchenphysiker berufen sich gerne auf die Quantentheorie, Astrophysiker hingegen auf die allgemeine Form der Relativitätstheorie. Mehr als 50 Jahre lang haben die Spezialisten nicht miteinander geforscht, sondern nebeneinander. So kam es, dass die Physik heute über zwei recht weit entwickelte Theorien verfügt, die aber partout nicht zueinander passen wollen. Diese Situation ist unbefriedigend und lässt manche Physiker nun in das andere Extrem fallen: Sie basteln an einer *theory of everything* (auf Deutsch: eine Theorie für alles), die alles im Universum beschreiben soll – auch den Urknall und die schwarzen Löcher. Ein besonders heißer Kandidat dafür ist die sogenannte *M-Theorie,* mit der wir uns in diesem Kapitel auseinandersetzen werden. Nicht wenige Wissenschaftler glauben sogar, dass sie mit der M-Theorie die Existenz Gottes endgültig widerlegen könnten. Hierzu gehört auch der brillante britische Physiker Stephen Hawking: »Nach der M-Theorie ist unser Universum nicht das einzige, sondern eines unter einer Vielzahl von Universen, die aus dem Nichts geschaffen wurden. Ihre Schöpfung ist nicht auf die Intervention eines übernatürlichen Wesens oder Gottes angewiesen.«[34]

Wofür das M steht, wurde nie wirklich definiert. Es könnte »Mutter« bedeuten, was die hohen Erwartungen ausdrückt, die in diese Theorie gesteckt werden. Mich erinnert das M eher an ein Meer, in das viele Flüsse münden. Denn genau das ist die M-Theorie – sie nimmt verschiedene Theorien in sich auf, die jeweils eine der vier heute bekannten physikalischen Kräfte beschreiben: die elektromagnetische Kraft, die schwache Kraft, die starke Kraft und die Schwerkraft.

In Abbildung 13, die ich in diesem Kapitel erläutern werde, sind die größten Erfolge der Physik zusammengefasst. Nur die M-Theorie, auch *Quantengravitation* genannt, ist noch unvollständig. Jeder physikalischen Kraft ist eine Wechselwirkung zugeordnet, die nach der wirkenden Kraft benannt ist. Die Wechselwirkung zur Schwerkraft heißt *Gravitation* (nach dem lateinischen Wort *gravis,* auf Deutsch: schwer). Wir werden nun zuerst die vier Grundkräfte der Reihe nach kennenlernen, um damit jenen Weg zu skizzieren, der letztendlich zur M-Theorie führt.

Schwerkraft	Gravitation	allgemeine Relativitätstheorie	
starke Kraft	starke Wechselwirkung	Quantenchromodynamik	
schwache Kraft	schwache Wechselwirkung	elektroschwache Wechselwirkung	große vereinheitlichte Theorie
elektromagnetische Kraft	elektromagnetische Wechselwirkung / Quantenelektrodynamik		

Quantengravitation oder M-Theorie

Abb. 13: Der Weg zur M-Theorie

Die Suche nach der Weltformel begann bereits im Jahr 1820 in Kopenhagen. Der dänische Naturforscher Hans Christian Oersted entdeckte während eines Versuches mit der gerade erst erfundenen Batterie, dass eine Kompassnadel reagiert, wenn in ihrer Nähe ein elektrischer Strom fließt: Die Nadel stellt sich senkrecht zum Stromkabel (siehe Abbildung 14). Sofort schrieb Oersted einen Bericht.[35] Obwohl er in Latein abgefasst war, verbreitete er sich wie ein Lauffeuer, weil er eine unglaubliche Beobachtung enthielt: Magnetismus und Elektrizität, die bis dahin als zwei unabhängige Phänomene galten, waren offensichtlich miteinander verknüpft. Nun begann eine hektische Suche nach dem Gesetz, das diese zwei Phänomene als eine gemeinsame Wechselwirkung erklärte. Der britische Physiker Michael Faraday löste das Rätsel im Jahr 1831.[36] Die vollständige mathematische Formulierung erfolgte 30 Jahre später durch seinen schottischen Kollegen James Clerk Maxwell.[37] Die Bewegung der Kompassnadel wurde jetzt einer *elektromagnetischen Kraft* zugeschrieben, und die zugehörige Physik hieß *Elektrodynamik*.

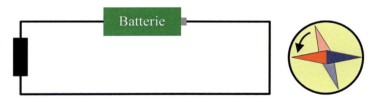

Abb. 14: Beispiel für die elektromagnetische Kraft

Die Elektrodynamik war von nie gesehener Schönheit. Um das Jahr 1890 herum galten die Maxwellschen Gleichungen als die erste Weltformel, und manche Wissenschaftler sahen darin bereits das Ende aller physikalischen Erkenntnis. Ein geradezu sensationelles Nebenprodukt der Theorie war das

Verständnis des Lichts als eine elektromagnetische Welle. Allerdings wurden damals auch zahlreiche Experimente zur Wärmestrahlung gemacht, die den deutschen Physiker Max Planck zu der Hypothese veranlassten, dass Licht aus einem Strom von Teilchen bestehe (den sogenannten *Photonen*).[38] Mit dieser Annahme konnte Albert Einstein einen anderen Effekt erklären, der heute vor allem in Solarzellen genutzt wird, um Strom zu erzeugen (den sogenannten *Photoeffekt*): Licht kann Elektronen aus Metalloberflächen herauslösen.[39] Plancks Hypothese und Einsteins Erklärung des Photoeffektes trugen maßgeblich zur Entwicklung der Quantentheorie bei. Im Fall der Elektrodynamik war die Quantisierung noch recht einfach: Träger der elektromagnetischen Kraft sind die Lichtquanten, also die Photonen. Aus dieser Idee entsprang die *Quantenelektrodynamik*.

Zwei Kräfte, die den meisten von uns weniger geläufig sind, heißen *schwache Kraft* und *starke Kraft*. Weil sie nur in der unmittelbaren Umgebung von Atomkernen wirken, handelt es sich um Kernkräfte. Die schwache Kraft spielt eine wichtige Rolle bei bestimmten radioaktiven Zerfällen. Beispielsweise wandelt sich beim sogenannten *β-Zerfall* ein Neutron (ein elektrisch neutrales Teilchen im Atomkern) in ein positiv geladenes Proton um (siehe Abbildung 15). Dabei entstehen noch zwei weitere Teilchen.

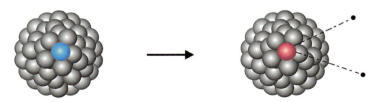

Abb. 15: Beispiel für die schwache Kraft

Im Jahr 1967 gelang es erstmals, eine gemeinsame Theorie für die elektromagnetische und die schwache Wechselwirkung zu formulieren.[40] Die Träger der schwachen Kraft (die sogenannten *schwachen Eichbosonen*) wurden aber erst im Jahr 1983 am europäischen Kernforschungszentrum CERN nachgewiesen.[41] Die schwache Kraft ist auch für die Fusion von Wasserstoff zu Helium verantwortlich, aus der die Sonne ihre Energie bezieht. Die Schwäche der Kraft führt dazu, dass diese Fusion sehr langsam abläuft. Die Sonne leuchtet schon seit etwa fünf Milliarden Jahren und wird vermutlich noch einmal so lange leuchten, bevor sie sich in einen roten Riesen verwandelt und als ein weißer Zwerg endet.

Eigentlich müssten sich die Protonen in Atomkernen gegenseitig abstoßen, weil sie alle elektrisch positiv geladen sind. Im Grunde machen sie das auch, aber eine andere, sehr viel stärkere Kraft wirkt dieser Abstoßung entgegen: die *starke Kraft*. Indem sie mit wachsender Distanz stärker wird, sorgt sie dafür, dass Atomkerne zusammengehalten werden. Ihre Träger sind die sogenannten *Gluonen*, die im Jahr 1979 am Hamburger Forschungszentrum DESY entdeckt wurden.[42] Der Name kommt vom englischen Wort *glue* (Klebstoff). Die Gluonen »verleimen« in gewisser Weise die Bestandteile von Protonen oder Neutronen miteinander (die sogenannten *Quarks*). Wir Physiker stellen uns das ungefähr so vor: Ein Proton besteht aus drei Quarks (rot, grün, blau in Abbildung 16). Je zwei Quarks spielen zusammen Ball. Die Bälle sind die Gluonen (gelb). Das Hin- und Herwerfen der Bälle bindet die Quarks aneinander und entspricht der starken Kraft. Dieses Bild beschreibt sehr gut, dass Quarks nie einzeln auftreten. Aufgrund der farbenfrohen Quarks heißt die zugehörige Theorie *Quantenchromodynamik* (nach dem altgriechischen Wort χρομος, auf Deutsch: Farbe).

Abb. 16: Beispiel für die starke Kraft

Die vierte und letzte bekannte Grundkraft in Abbildung 13 ist die *Schwerkraft*. Im Universum lenkt sie die großen und schweren Objekte auf ihre Bahnen, zum Beispiel Galaxien, Sterne, Planeten und Monde (siehe Abbildung 17). Für uns auf der Erde spielt die Schwerkraft im Alltag eine wichtige Rolle. Ohne sie wäre nichts an seinem Platz. Im Mikrokosmos wird sie jedoch oft von den anderen Kräften überlagert. Die Schwerkraft zwischen Atomkern und Elektronenhülle ist 10^{39} (eine 1 mit 39 Nullen!) mal kleiner als deren elektrische Anziehungskraft. Unklar ist aber, wie die Schwerkraft übertragen wird. Einstein vermutete einen Zusammenhang zwischen Schwerkraft, Raum und Zeit. Die mathematische Formulierung heißt *allgemeine Relativitätstheorie*.

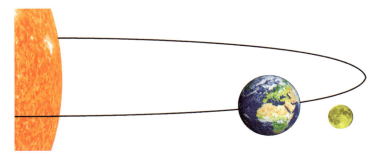

Abb. 17: Beispiel für die Schwerkraft

Raum und Zeit sind also in doppelter Hinsicht relativ: Nach der speziellen Relativitätstheorie hängen Raum und Zeit mit der Perspektive eines Beobachters zusammen. Nach der allgemeinen Relativitätstheorie hat auch noch die Schwerkraft einen Einfluss auf Raum und Zeit. Die Schwerkraft krümmt den Raum und verlangsamt die Zeit. Zum Beispiel lenkt die Schwerkraft der Sonne das Licht von entfernten Sternen ab. Derselbe Stern, der sich für einen Beobachter auf der Sonne am Ort A befindet, erscheint einem Beobachter auf der Erde am Ort B (siehe Abbildung 18).

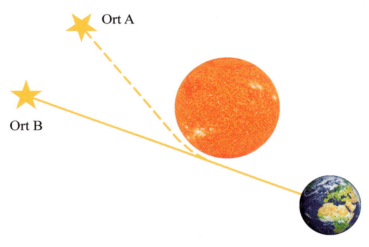

Abb. 18: Raum in der allgemeinen Relativitätstheorie

Entsprechend läuft eine Uhr umso langsamer, je dichter sie am Erdmittelpunkt ist. Von zwei baugleichen Kirchturmuhren wird die tiefere Uhr in zehn Milliarden Jahren etwa eine Stunde nachgehen, wenn sie 100 Meter dichter am Erdmittelpunkt ist als die obere Uhr (siehe Abbildung 19). Im Erdgeschoss eines mehrstöckigen Hauses altern die Bewohner demnach etwas langsamer als in dessen Dachgeschoss. Der Effekt ist jedoch so gering, dass es sich nicht lohnt, deshalb ins Erdgeschoss umzuziehen.

Abb. 19: Zeit in der allgemeinen Relativitätstheorie

Die Schwerkraft ist die einzige Kraft, die auf alle materiellen Objekte wirkt, also auf große Massen und auf Teilchen der Quantenwelt. Damit kommen wir zu dem Problem, das ich bereits zu Beginn des Kapitels angesprochen hatte: Die Schwerkraft widersetzt sich bisher allen Versuchen, quantisiert zu werden. So genial Einsteins Eingebung gewesen ist, die Schwerkraft mit Raum und Zeit zu verknüpfen – bislang ist es nicht gelungen, die allgemeine Relativitätstheorie mit der Quantentheorie zu vereinbaren.

An dieser Stelle kommt die M-Theorie ins Spiel. Sie soll es ermöglichen, die Schwerkraft mit demselben Formalismus zu beschreiben wie die anderen physikalischen Grundkräfte. Dazu wird angenommen, dass die fundamentalen Bausteine der Welt eindimensionale *strings* (auf Deutsch: Saiten oder

Fäden) sind.[43] Beobachtbare Teilchen entsprechen verschiedenen Schwingungen der Saiten. Auch die Kraftübertragung wird einem String zugeschrieben, wodurch es gelingen soll, die Schwerkraft mit einzubeziehen. Diese Interpretation unterscheidet sich grundlegend vom heutigen Standardmodell der Elementarteilchen (siehe Abbildung 20), nach dem alle fundamentalen Bausteine als nulldimensionale, mathematische Punkte betrachtet werden.

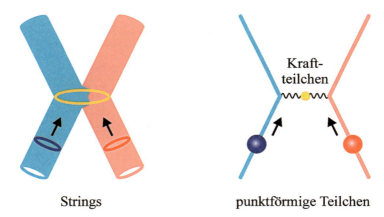

Abb. 20: Strings versus Elementarteilchen

Die M-Theorie ist noch weit von einer schlüssigen Formulierung entfernt. Ihre Grundzüge wirken recht komplex und lassen so manchen Zweifel hochkommen, ob sie jemals eine elegante Weltformel hervorzubringen vermag. Auch ich bin äußerst skeptisch, ob es jemals eine erfolgreiche M-Theorie geben wird. Die Physik kann Gesetzmäßigkeiten im Universum beschreiben, aber sie kann nicht begründen, warum sie so sind, wie sie sind. Eine »Theorie für alles« würde jedoch genau das ermöglichen, nämlich alles bis ins letzte Detail zu wissen. Abgesehen davon bin ich der Ansicht, dass so eine Theorie ein logischer Widerspruch in sich wäre. Sie müsste auf der Erkenntnis der Quantentheorie aufbauen, dass es in dieser Welt keine unbeteiligten Zuschauer gibt. Gleichwohl wäre sie selbst eine Art »unbeteiligter Zuschauer«, weil sie die Welt mit einer abstrakten Formel oder vielen abstrakten Formeln abbilden würde, ohne dabei am ganzen Geschehen beteiligt zu sein.

Eine echte Weltformel müsste in der Lage sein, alles in der Welt zu berechnen, *also auch sich selbst!* Etwa so, wie ich es in Abbildung 21 angedeutet habe. Darin ist eine Formel (hier die Äquivalenz von Energie E und Masse m) zugleich ein Bestandteil der Welt, die sie beschreiben soll (hier symbolisiert durch die Erde). Der Selbstbezug erinnert spontan an ein Möbiusband, das uns bereits im Kapitel über das Ich den Kopf verdreht hat.

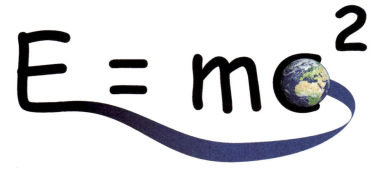

Abb. 21: Selbstbezug einer Formel

Auch wenn die Suche nach einer physikalischen Weltformel vermutlich vergeblich ist, könnten uns die vier Grundkräfte jenem Sinn näher bringen, dem wir auf der Spur sind. Unser Universum ist das Ergebnis eines Wettstreites zwischen der explosiven Kraft des Urknalls und der Schwerkraft, die dem Auseinanderdriften der Galaxien entgegenwirkt. Inzwischen ist den Astrophysikern klar geworden, wie fein ausgewogen der Wettstreit dieser Kräfte ist. Wenn der Urknall nur etwas schwächer gewesen wäre, hätte die Schwerkraft schon nach kurzer Zeit die Oberhand gewonnen und sämtliche Galaxien in sich zusammensinken lassen. Wenn er dagegen geringfügig stärker gewesen wäre, hätte sich das kosmische Material so schnell ausgebreitet, dass gar keine Galaxien entstanden wären. Die Heftigkeit des Urknalls scheint folglich ziemlich genau der Schwerkraft zu entsprechen. Wie genau die Übereinstimmung ist, lässt sich sogar berechnen: Wäre die Kraft der Explosion um nur ein 10^{60}stel anders ausgefallen, würde unser Lebensraum nicht existieren. Um diese Ausgewogenheit zwischen Urknall und Schwerkraft zu toppen, müssten Sie mit einer kleinen Kugel ein 2 cm großes Ziel treffen, das sich am Blickhorizont des Universums befindet![44]

Für ein anderes Kräftepaar, nämlich für die elektromagnetische Kraft und die Schwerkraft, lässt sich ein vergleichbares Beispiel konstruieren: Beide Kräfte spielen bei der Strukturbildung in Sternen eine bedeutende Rolle. Einerseits werden Sterne durch die Schwerkraft zusammengehalten. Andererseits verlieren sie Energie durch elektromagnetische Strahlung. Eine Änderung der Schwerkraft um bloß ein 10^{40}stel von ihrem tatsächlichen Wert hätte schon dazu geführt, dass Sterne wie unsere Sonne gar nicht existieren könnten – und wahrscheinlich auch keine Lebewesen, die auf solche Sterne angewiesen sind.[45]

Ähnliche Überlegungen lassen sich auch zur starken und zur schwachen Kraft anstellen. Es scheint, als ob die vier Kräfte in einem wohl definierten Verhältnis zueinander stehen. Hat die Feinabstimmung womöglich einen Sinn? Diese Schlussfolgerung könnte trügerisch sein. In einem Universum mit anderen Kräfteverhältnissen würde es vielleicht niemanden geben, der über diese Feinabstimmung nachdenken

Erkenntnis auf Irrwegen

könnte. Das Argument ist nach dem altgriechischen Wort ανϑροπος (Mensch) als *anthropisches Prinzip* bekannt. In seiner starken Form besagt es, dass die Kräfte im Universum fein abgestimmt sein müssen, damit es Lebewesen wie uns gibt, die darüber nachdenken können. Daraus lässt sich nicht folgern, dass die Feinabstimmung der Kräfte beabsichtigt ist. Sie könnte ebenso ein Zufall sein. In einem späteren Kapitel werden wir den Zufall thematisieren und dabei auch die Sinnfrage erneut stellen. Bis dahin müssen wir uns wohl damit abfinden, dass es der gegenwärtige Kenntnisstand der vier Kräfte nicht erlaubt, beim Sinn zu punkten.

Die fieberhafte Suche nach einer Weltformel könnte sich als ein Irrweg erweisen. Es ist jedoch unbestritten, dass zahlreiche Naturgesetze das Geschehen im Universum bestimmen. Woher kommen diese Regeln?

Das Wichtigste in Kürze

- Es sind vier physikalische Grundkräfte bekannt.
- Die »Theorie für alles« wird es wohl nie geben.
- Eine Weltformel müsste sich selbst berechnen.

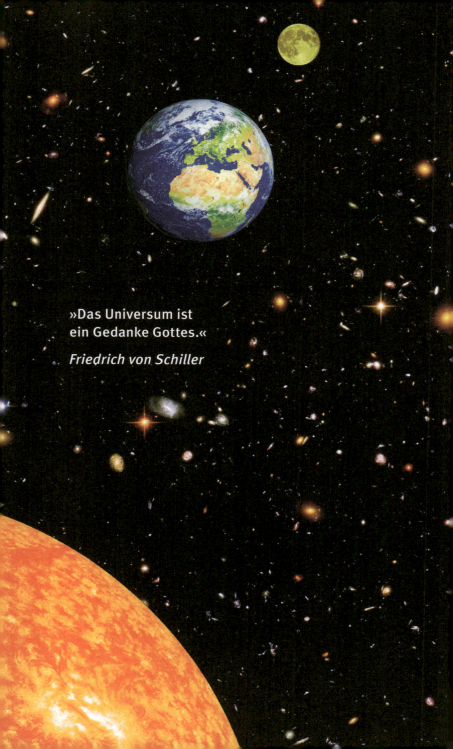

»Das Universum ist ein Gedanke Gottes.«

Friedrich von Schiller

Frage 4:
Stellen sich Naturgesetze selbst auf?

Mit dieser Frage stoßen wir an die Grenze dessen, was Naturwissenschaft zu erklären vermag. Wieso? Weil sie wieder einen Selbstbezug enthält, und das Selbst nichts Geringeres ist als die Natur. Naturgesetze sind Regeln, nach denen sich die Natur richtet. Im Gegensatz zu menschengemachten Gesetzen kennen Naturgesetze keine Ausnahmen. Die spannende Frage ist, wie es die Natur bewerkstelligt, so diszipliniert zu sein. Erlegt sie sich ihre Gesetze etwa selbst auf? Mir ist keine andere Gesetzgebung bekannt, die jemals eine solche Stringenz zustande gebracht hätte, wie wir sie in der Natur realisiert finden.

Viele Menschen glauben an übernatürliche Wunder, an göttliche Fügungen und sogar an die Auferstehung eines Toten. Doch für das größte Wunder dieser Welt, für die ästhetische Gesetzmäßigkeit der Natur, sind sie nahezu blind. Wie kann es sein, dass die Natur an jedem Ort und zu jedem Zeitpunkt dieselben Gesetze anwendet? Nur sehr wenige Naturwissenschaftler bezweifeln, dass die bei uns geltenden Naturgesetze universell sind. Gibt es eine Art »Naturgesetzbuch«, das ähnlich aufgebaut ist wie ein Strafgesetzbuch? Falls ja, wie schafft es die Natur, überall und immer darauf zuzugreifen – und das auch noch fehlerfrei? Es besteht doch offensichtlich nicht aus bedrucktem Papier.

Im Studium der Physik durfte ich lernen, dass die Natur oft den einfachsten Weg wählt, um ein bestimmtes Ziel zu erreichen. Tatsächlich lassen sich viele Naturgesetze aus der einfachen Forderung herleiten, dass eine physikalische Größe (beispielsweise eine spezielle Form von Energie oder die Zeitdauer eines Vorgangs) einem extremalen Wert zustrebt. Dieses Prinzip, an dem sich die Natur zu orientieren scheint, werden wir jetzt anhand von drei Beispielen kennenlernen: dem freien Fall eines Apfels, der Struktur eines Eiskristalls und der Ausbreitung von Licht.

Wir beginnen mit den *Newtonschen Gesetzen* der Mechanik, die Sie wahrscheinlich noch aus Ihrer Schulzeit kennen. Das erste Gesetz des britischen Physikers Isaac Newton lautet: »Solange keine äußere Kraft auf ein Objekt wirkt, behält es seinen Zustand der Ruhe beziehungsweise seine momentane Geschwindigkeit bei.«[46] Das zweite Gesetz lautet: »Sobald eine äußere Kraft wirkt, erfährt das Objekt eine Beschleunigung, die der Kraft proportional ist und in die Richtung der Kraft zeigt.«[47] Das heißt, die Geschwindigkeit des Objektes nimmt stetig zu, sobald eine äußere Kraft darauf wirkt. Abbildung 22 zeigt, wie ein Apfel nach diesem Naturgesetz zu Boden fällt, nachdem er sich vom Ast gelöst hat.

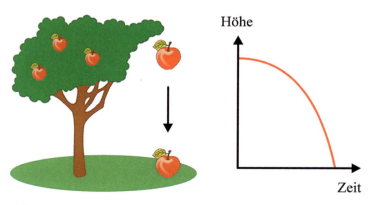

Abb. 22: Freier Fall eines Apfels

Erste Hinweise auf Gott

Die äußere Kraft, die den Apfel zu Boden fallen lässt, ist die Schwerkraft der Erde. Sobald der Apfel nicht mehr vom Ast festgehalten wird, bewirkt die Schwerkraft, dass seine sogenannte *potenzielle Energie* einem minimalen Wert zustrebt. Je höher sich der Apfel über dem Erdboden befindet, umso größer ist seine potenzielle Energie. Der Apfel fällt also zu Boden, weil er dort die kleinstmögliche potenzielle Energie hat – in die Erde hineinbohren kann er sich nicht. Neben der Tatsache, dass der Apfel zu Boden fällt, lässt sich mit einer anderen Forderung herleiten, wie der Apfel seine Höhe über dem Boden als Funktion der Zeit verändert. Hierzu müssen wir fordern, dass die sogenannte *Wirkung* (Gesamtenergie mal Zeit) einen minimalen Wert annehmen soll, wobei die Gesamtenergie aus der potenziellen Energie und der Bewegungsenergie des Apfels besteht. Eine einfache Rechnung[48] zeigt, dass diese Forderung wie von selbst die Fallkurve in Abbildung 22 ergibt.

Wie von *selbst*? Lassen Sie uns hierzu das zweite Beispiel unter die Lupe nehmen: die regelmäßige Struktur eines Eiskristalls. Auf den ersten Blick haben Eiskristalle nicht viel mit fallenden Äpfeln gemeinsam. Bei einer entsprechenden Vergrößerung erkennen wir jedoch, dass auch ein Eiskristall irgendwelchen Kräften unterliegen muss. Ansonsten wäre es ihm wohl kaum möglich, eine derart symmetrische Struktur auszubilden wie das in Abbildung 23 gezeigte Prachtexemplar.

Der Eiskristall in Abbildung 23 hat nahezu eine sogenannte *sechszählige Symmetrie*, das heißt, er behält seine Form bei, wenn er um ein

Abb. 23: Symmetrie eines Eiskristalls

Sechstel von 360° gedreht wird. Wie kommt es, dass Eiskristalle bloß mit einer sechszähligen Symmetrie existieren, also weder mit einer fünfzähligen noch mit einer siebenzähligen Symmetrie? Letztendlich ist auch dafür eine Kraft verantwortlich; jedoch nicht die Schwerkraft, sondern die elektromagnetische Kraft. Wassermoleküle sind elektrische Dipole, die zwar insgesamt elektrisch neutral sind, aber aus einem positiv geladenen Anteil (Wasserstoff) und einem negativ geladenen Anteil (Sauerstoff) bestehen. Bei Temperaturen unterhalb von 0° Celsius bewirkt die elektromagnetische Kraft, dass jeweils sechs Wassermoleküle ein Sechseck formen. Bei dieser Anordnung ist die in den Wassermolekülen enthaltene Bindungsenergie minimal.

Die zwei Beispiele mit dem Apfel und dem Eiskristall legen die Vermutung nahe, dass sich Naturgesetze auf das Wirken von Kräften zurückführen lassen. Diese Vermutung erweist sich jedoch als eine Binsenweisheit, weil wir Physiker diese Kräfte nur deshalb eingeführt haben, um Gesetzmäßigkeiten in der Natur beschreiben zu können. Kräfte sind Bilder, mit denen sich Vorgänge in der Natur veranschaulichen lassen. Weil Bilder fehlerhaft sind, dürfen wir sie nie mit der Wirklichkeit verwechseln. Wir sollten uns stets bewusst machen, dass physikalische Theorien Naturgesetze beschreiben, aber nicht erklären können. Auch mathematische Formeln bieten keine Erklärung für ein Phänomen, sondern bestenfalls eine geeignete Beschreibung.

Lassen Sie uns also das dritte Beispiel anschauen, um dem Geheimnis der Naturgesetze auf die Spur zu kommen! Wir betrachten einen Lichtstrahl, der einen Weg in zwei unterschiedlichen Medien zurücklegen muss. Das linke Medium bestehe aus Luft, das rechte aus Glas. In Abbildung 24 sind vier verschiedene Wege eingezeichnet, die das Licht wählen

Erste Hinweise auf Gott

könnte, um vom Ort A zum Ort B zu gelangen. Grundsätzlich sind alle vier Wege denkbar. Tatsächlich »entscheidet« sich das Licht aber stets für einen ganz bestimmten Weg: Es nimmt den Weg, für den es am wenigsten Zeit (in manchen Anordnungen am meisten Zeit) benötigt. In unserem Fall ist es der gelb markierte Weg. Dabei ist der räumliche kürzeste Weg nicht zugleich der zeitlich kürzeste Weg, weil sich das Licht im Glas ungefähr 30 Prozent langsamer ausbreitet als in der Luft. Es ist also die Lichtlaufzeit, die einen extremalen Wert annimmt. Nach dem französischen Mathematiker Pierre de Fermat ist dieses Phänomen auch als *Fermatsches Prinzip* bekannt.

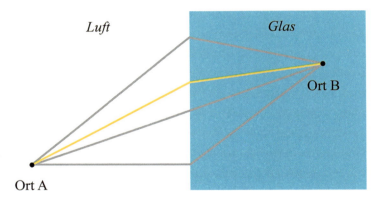

Abb. 24: Ausbreitung von Licht

Es stellt sich die berechtigte Frage, woher das Licht im Voraus »weiß«, welches der schnellste Weg ist. Keine der vier bekannten physikalischen Kräfte kann für die stets korrekte »Entscheidung« des Lichts verantwortlich gemacht werden. Die Ansicht mancher Physiker, dass das Fermatsche Prinzip bloß eine andere Formulierung des aus der Optik bekannten Brechungsgesetzes sei, teile ich nicht. Letzteres ist lediglich eine mathematische Beschreibung – das Fermatsche Prinzip verrät uns etwas über das Wesen der Natur.

Aus der Quantentheorie lässt sich eine ganz andere Antwort ableiten, die zudem hellhörig macht: Das Licht probiert alle möglichen Wege aus – und zwar gleichzeitig! Dass wir nur einen Lichtweg davon realisiert sehen, liegt daran, dass sich das Licht auf den alternativen Wegen gegenseitig auslöscht. Nach dieser Auslegung befolgt das Licht nicht ein vorgegebenes Naturgesetz, sondern es kreiert das Gesetz mit seinem Verhalten stets neu. Natürlich ist diese Interpretation nicht eins zu eins auf Äpfel übertragbar. Äpfel sind keine Quantenobjekte, die sich gegenseitig auslöschen können. Woher »weiß« also ein Apfel, dass er zu Boden fallen muss, nachdem er sich vom Ast gelöst hat? Anders formuliert: In welchem Verhältnis stehen Naturgesetze zur makroskopischen Materie? Der britische Philosoph und Mathematiker Alfred North Whitehead identifizierte drei verschiedene Lehrmeinungen zu Naturgesetzen:[49] 1) Entweder seien die Gesetze allen Objekten von außen *aufgeprägt;* 2) oder sie seien nur existent infolge unserer *Beobachtung;* 3) oder sie seien allen Objekten *immanent,* das heißt ein Teil ihres Wesens. Gegen die ersten beiden Auffassungen wandte Whitehead ein, dass eine künstliche Trennung in Objekte und Naturgesetze nicht der täglichen Erfahrung entspräche. Weder könnten wir aus der Kenntnis von Gesetzen das Wesen von Objekten herleiten, noch ließe sich aus der Beobachtung von Objekten auf Gesetze schließen. Darum favorisierte Whitehead die Lehre der immanenten Gesetze.

Die erste der drei Lehrmeinungen entspricht dem Weltbild der klassischen Physik und hat vieles mit dem Glauben an einen Schöpfergott außerhalb des Universums gemeinsam. Diese Vorstellung betrachten viele Physiker seit den Errungenschaften der Relativitätstheorie als überholt. Es existiert nämlich gar kein »Außerhalb des Universums«. Die zweite Lehrmeinung wird insbesondere durch die Erkenntnisse der Quantentheorie gestützt. Die Wirklichkeit manifestiert sich erst infolge unserer Beobachtung. Hierbei bleibt jedoch die Frage unbeantwortet, weshalb sich verschiedenen Beobachtern stets dieselben Naturgesetze zeigen. Der britische Biologe Rupert Sheldrake äußerte die gewagte Hypothese, dass die Strukturbildung in der Natur auf sogenannte *morphische Felder* zurückzuführen sei.[50] Sie seien eine Art »Gedächtnis der Natur«. Strukturen wie Kristalle oder Zellen, die irgendwann zufällig entstanden sind, könnten über das Gedächtnis immer wieder reproduziert werden. In einem späteren Werk betrachtete Sheldrake auch Naturgesetze nicht mehr als vorgegeben, sondern als *habits* (Gewohnheiten).[51] Doch was veranlasst eine Natur, der keine Gesetze vorgegeben sind, sich an Gesetze zu gewöhnen?

Aus den genannten Gründen denke auch ich wie Whitehead, dass die Natur ihre eigenen Gesetze in sich trägt; allerdings nicht als komplizierte mathematische Formeln, sondern als *Extremalprinzipien,* die wie eine Art »Software« stets dasselbe Ergebnis – also dieselben Naturgesetze – produzieren. Naturgesetze sind dann keine Gewohnheiten, sondern Ausdruck einer äußerst kreativen Natur. Ein Argument für diese Interpretation liegt auf der Hand: Morphische Felder müssten zufällig realisierte Naturgesetze nicht-lokal abspeichern können, damit sie überall im Kosmos gelten. Eine Software könnte in jedem Objekt gespeichert sein und wäre somit im gesamten Universum abrufbar. Im Sinne Whiteheads wären die Software und die sich hieraus ergebenden Naturgesetze allen Objekten immanent – auch allen Äpfeln, Eiskristallen und dem Licht.

Die Vorstellung, dass Mutter Natur über ein eigenes Wissen verfügen könnte, gab immer wieder Anlass zu kontroversen Diskussionen. Der französische Gelehrte Claude Clerselier schrieb bereits im Jahr 1662: »Das Fermatsche Prinzip kann keine Ursache [für etwas] sein, weil wir der Natur sonst ein Wissen zugestehen müssten.«[52] Doch ist diese Vorstellung wirklich so abwegig? Wie könnte ein Naturgesetz universelle Gültigkeit haben, wenn es nicht allen Objekten »bekannt« wäre? Dasselbe Argument greift auch bei Naturkonstanten. Beispielsweise gehen wir Physiker davon aus, dass sich das Licht überall im Universum mit derselben Geschwindigkeit ausbreitet. Woher sollte das Licht »wissen«, wie schnell es sich auszubreiten hat, wenn ihm diese wichtige Information nicht verfügbar wäre?

Wenn wir der Natur ein Wissen zugestehen, könnte sie auch Ausdruck eines kosmischen Bewusstseins sein. Diesem Bewusstsein hat die Menschheit schon viele Namen gegeben. Der kürzeste ist »Gott«. In so einem Szenario müssen Gott und die Natur nicht identisch sein, wie in Spinozas Pantheismus. Gott könnte durchaus umfassender als die Natur sein und sich dennoch in ihr offenbaren. Vertreter dieser Auffassung eines immanenten und zugleich transzendenten Gottes (des sogenannten *Panentheismus*) waren die zwei deutschen Mystiker Meister Eckhart und Nikolaus von Kues, wie auch Johann Wolfgang von Goethe und Alfred North Whitehead. Der Pan*en*theismus verbindet pantheistisches Gedankengut mit den Schöpfergott-Religionen.

Damit komme ich auf die Grundfrage des Kapitels zurück: Stellen sich Naturgesetze selbst auf? Mir ist nicht ein einziges Gesetz bekannt, von dem ich behaupten könnte, dass es sich selbst kreiert hätte. Der Begriff »Gesetz« drückt bereits aus, dass *Gesetze gesetzt* werden. Die Semantik der Sprache dürfen wir nicht unterschätzen, weil sie auf einem riesigen Erfahrungsschatz beruht. Was hindert uns daran, die Natur *und* die Quelle ihrer Gesetze (also die Extremalprinzipien) als eine Einheit aufzufassen und als »Gott« zu bezeichnen? Ein solcher Gott ist sowohl mit allen Weltreligionen vereinbar als auch mit der Überzeugung vieler Physiker, dass die Existenz eines personalen Gottes nicht zwingend ist. Dennoch dürfen wir diesen Gott insofern als »Vater« begreifen, als wir alle die Kinder von Mutter oder Vater Natur und damit auch die »Kinder Gottes« sind. Naturgesetze geben uns also erste Hinweise auf einen Gott, der so fundamental ist, dass niemand seine Existenz bestreiten kann; es sei denn, er stellt sogar die Existenz der Naturgesetze in Frage.

Raum und Zeit hatte ich einen Sinn unterstellt. Ob sich auch den Naturgesetzen ein Sinn zuordnen lässt? Meine Antwort darauf möchte ich auf das nächste Kapitel verschieben, weil die Natur nicht nur Regeln »kennt«, sondern auch Zufälle.

Das Wichtigste in Kürze

- Die Natur orientiert sich an Extremalprinzipien.
- Die Natur trägt ihre Gesetze in sich.
- Gesetze werden gesetzt.

»Der Mensch ist Teilnehmer an einem großen Spiel, dessen Ausgang für ihn offen ist.«

Manfred Eigen, Ruthild Winkler

Frage 5:
Lässt sich der Zufall ausschalten?

Ein Ereignis ist *determiniert,* also vorherbestimmt, wenn es eine identifizierbare Ursache hat, beispielsweise ein Naturgesetz oder ein wirkendes Lebewesen. Ein Ereignis ist *zufällig,* wenn sich dafür keine Ursache identifizieren lässt. Zufälle sind kein Science Fiction, sondern Bestandteile der Wirklichkeit. Beispielsweise nehmen wir Physiker an, dass der radioaktive Zerfall eines Atoms keine Ursache hat, das heißt, er geschieht zufällig. Es ist nicht vorherbestimmt, zu welchem Zeitpunkt ein einzelnes Atom radioaktiv zerfallen wird. Gleichwohl können wir bei einer sehr großen Anzahl von Atomen voraussagen, wie viele in einem vorgegebenen Zeitintervall zerfallen werden. Nach der sogenannten *Halbwertszeit* ist die Hälfte der Atome zerfallen.

Die meisten Ereignisse sind das Resultat einer langen Kette aus vorangegangenen Ereignissen, von denen jedes für sich determiniert oder zufällig gewesen sein kann. Oft lässt sich dann einem bestimmten Ereignis gar nicht mehr das Attribut »determiniert« oder »zufällig« zuordnen. Zum Beispiel geht einem Tsunami stets ein starkes Seebeben voraus. Die Parameter eines Tsunamis sind folglich zu einem gewissen Grad durch die Parameter des verursachenden Seebebens vorherbestimmt. Ein Seebeben wird durch Verschiebungen in der Erdkruste ausgelöst, die wiederum die Konsequenz äußerst komplexer Materialprozesse im Erdinneren sind. Auf dieser Ebene sind auch viele zufällige Quanteneffekte beteiligt, so dass ein Tsunami weder ein vollständig determiniertes noch ein rein zufälliges Ereignis ist.

Die Klassifikation in »vorherbestimmt« und »zufällig« wird noch schwammiger, wenn wir uns bewusst machen, dass ein zufälliges Ereignis aus einer anderen zeitlichen Perspektive ein vorherbestimmtes Ereignis sein kann. Beispielsweise ist das Resultat beim Roulette zufällig beziehungsweise determiniert, je nachdem, aus welcher zeitlichen Perspektive wir es bewerten. Solange der Croupier einen Kontakt zur Kugel hat, stehen die Anfangsbedingungen für den Lauf der Kugel noch nicht fest, und das Resultat ist zufällig. Sobald jedoch der Croupier die Kugel loslässt, folgt sie ausschließlich den Naturgesetzen. Ab diesem Zeitpunkt ist das Resultat vorherbestimmt, aber nicht vorhersagbar, weil der Verlauf bis zum Resultat insgesamt noch zu komplex ist.

Auch die Evolution vollzieht sich in einer langen Kette aus Ereignissen und ist weder zu 100 Prozent determiniert noch zu 100 Prozent zufällig. Dass Sie das Licht der Welt erblicken durften, haben Sie nicht nur der zufälligen Begegnung Ihrer Eltern zu verdanken, sondern auch deren Absicht, Geschlechtsverkehr miteinander zu haben. Manche Menschen stellen die Zufälligkeit von Begegnungen in Frage, weil die sich begegnenden Personen willentlich Entscheidungen getroffen haben, die letztendlich zu ihrer Begegnung führten. Zufall und freier Wille hängen eng miteinander zusammen. Eine freie Entscheidung hat willkürliche Aspekte, das heißt, sie ist nicht vollständig durch andere Faktoren determiniert. Genau diese Tatsache verleiht ihr auch einen Zufallscharakter. In einem Universum ohne Zufälle könnte es gar keinen freien Willen geben, weil jede Entscheidung bei der Kenntnis aller Einflüsse im Prinzip vorhersagbar wäre. Trotzdem widerstrebt es uns irgendwie, von einem »freien Willen« zu sprechen, wenn eine Entscheidung nur zufällig zustande gekommen ist. Dementsprechend existieren zwei verschiedene philosophische Auffassungen von Willensfreiheit.[53]

Bei der *bedingten Willensfreiheit* wird davon ausgegangen, dass ich zwar meinen eigenen Willen habe, aber dass ich in derselben Situation stets dieselbe Entscheidung treffe, weil ich mich weder über meine Wünsche noch über äußere Einflüsse hinwegsetzen kann. Nach dieser Ansicht ist der Wille nicht wirklich frei. Bei der *unbedingten Willensfreiheit* wird angenommen, dass der Wille von nichts abhängt. Nur dieser Wille erfüllt die Kriterien von echter Freiheit, weil es dann reiner Zufall ist, welche Entscheidungsmöglichkeit sich als Wille herauskristallisiert. Die Freiheit geht verloren, sobald es irgendeine Verbindung zwischen den Entscheidungsmöglichkeiten und dem Willen gibt – beispielsweise eine Person namens »Ich«. Weil ich das Ich nicht als eine Person begreife, sondern als eine Tätigkeit, glaube ich an die auf dem Zufall beruhende, unbedingte Willensfreiheit.

Der radioaktive Zerfall und die unbedingte Willensfreiheit sind Beispiele dafür, dass sowohl die unbelebte Materie als auch die belebte Materie Zufallsereignisse auslösen. Somit ist der Verlauf der Schöpfung nicht determiniert. Zufall ist das schöpferische Element der Evolution. Ohne Zufall wäre keine freie Entfaltung möglich, also auch keine Kreativität. Wie kreativ die Natur sein kann, zeigt sich bei dem Prinzip, das sie für die geschlechtliche Zeugung eines Lebewesens realisiert hat: Indem sich Weibchen und Männchen paaren, entsteht Vielfalt. Selbst dieses Prinzip ist eine Hommage an den Zufall. Wozu sollte ein Männchen Millionen von Spermien produzieren, die alle in das gleiche Ziel wollen (in die Eizelle des Weibchens), wenn es vorherbestimmt wäre, welches Spermium es schaffen wird?

Was sich zwischen Spermien und Eizelle abspielt, gilt auch im großen Maßstab. Letztendlich ist es Zufall, wer welchen Lebenspartner findet beziehungsweise ob jemand überhaupt einen geeigneten Lebenspartner findet. Ein Leben als Single kann ähnlich erfüllend sein wie das Leben in einer Familie, wenn es kreativ geführt wird. Die Kunst des Lebens besteht darin, sich auf seine Zufälle einzulassen und die Gegenwart entsprechend den eigenen Neigungen und Möglichkeiten zu gestalten. Der deutsche Reformator Martin Luther soll diese Lebensweisheit als Gleichnis formuliert haben: »Auch wenn ich wüsste, dass morgen die Welt zugrunde geht, würde ich heute noch einen Apfelbaum pflanzen.«[54]

Wie extrem Zufälle in unser Leben eingreifen können, belegen schwere Naturkatastrophen und Verkehrsunfälle. Es ist möglich, dass der Ausbruch eines riesigen Vulkans die Erde jahrelang mit Aschewolken einhüllt, durch die kein Sonnenlicht mehr dringt. Eine solche Katastrophe kann die gesamte Menschheit auslöschen. Denkbar ist auch, dass ein gewaltiger Himmelskörper eines Tages mit der Erde kollidiert und sie in kleine Stücke reißt. Selbst das wäre »nur« ein Zufall. Falls es nicht dazu kommt, teilt die Erde mit vielen anderen Planeten ein Schicksal, das nicht auf Zufall beruht, sondern durch die Naturgesetze vorherbestimmt ist: In ungefähr acht Milliarden Jahren wird sich die Sonne derart aufgebläht haben, dass die Erde in sie hineinstürzen wird.[55] Genau so und nicht anders funktioniert das Universum, in dem wir leben. Von einem in sich schlüssigen Weltbild erwarte ich, dass es sich diesem Blick in die Zukunft nicht verschließt.

Kann ein wie auch immer beschaffener Gott bewirken, dass die Erde diesem Schicksal entgeht? Kann Gott eine einzelne Naturkatastrophe verhindern, wenn wir ihn (oder es) darum bitten? Kann Gott alle Naturkatastrophen abwenden, wenn wir ein entsprechendes Gebet formulieren? Probieren Sie es einfach aus, falls Sie sich unsicher sind! Beten Sie zu Gott, dass nie wieder ein Mensch das Opfer einer Naturkatastrophe werden möge! Gott wird diesen Wunsch nicht erfüllen, selbst wenn alle Menschen gemeinsam darum bitten. Doch weshalb erhört Gott solche Gebete nicht? Wie ist es um die Allmacht Gottes bestellt? Will Gott nicht eingreifen – oder kann Gott nicht eingreifen?

Dahinter steckt die sogenannte *Theodizee-Frage*. Gemeint ist die Rechtfertigung Gottes in Anbetracht dessen, dass es neben dem Guten auch das Böse gibt. Der Begriff »Theodizee« stammt von den altgriechischen Worten $\vartheta\varepsilon o\varsigma$ und $\delta\iota\kappa\eta$ (Gott und Gerechtigkeit) ab und geht auf den deutschen Philosophen und Wissenschaftler Gottfried Wilhelm Leibniz zurück. Er argumentierte, dass sich Gott nicht durch die Übel in dieser Welt in Frage stellen lasse, weil sie immer noch die beste aller möglichen Welten sei.[56] Leibniz blieb uns aber den Beweis schuldig, dass es wirklich keine bessere Welt gibt. Wer im Leben schwere Schicksalsschläge hinnehmen musste, wird sich gewiss eine bessere Welt ausmalen können, in der es ihm und seinen Angehörigen besser geht. Dennoch könnte unsere Welt die beste aller möglichen Welten sein – nämlich dann, wenn nicht das Ich die höchste Priorität hat, sondern etwas anderes; wenn das Ich also nicht um seiner selbst willen existiert, sondern um andere, höhere Werte zu erschaffen. Welche Werte das sein könnten, werde ich in einem späteren Kapitel erläutern.

Die Theodizee-Frage stellt sich immer dann, wenn wir Gott auf einen Schöpfergott reduzieren. Einer Person können wir die Eigenschaften »gerecht« oder »ungerecht« zuschreiben, aber nicht der ganzen Schöpfung. Die Tatsache, dass es in dieser Welt sehr viele Grausamkeiten gibt, stellt also nicht

Gott in Frage, sondern nur den lieben oder gerechten Gott. Krankheiten, Unfälle und Naturkatastrophen sind nicht die Strafen eines Gottes, die sich durch Beten abwenden ließen, sondern die Folgen von Regeln (Naturgesetzen) und Zufällen. Wer zufällig zur falschen Zeit am falschen Ort ist, kann einer Krankheit, einem Unfall oder einer Naturkatastrophe zum Opfer fallen.

Macht es dann überhaupt noch Sinn, für jemanden oder für etwas zu beten? Diese Frage wird mir oft nach meinen Lesungen und Vorträgen gestellt. Es ist eine sehr tiefgründige Frage, weil deren Antwort davon abhängt, wie unsere Welt wirklich funktioniert. Lässt sich mit einem Gebet etwas in der Zukunft verändern? Falls ja, was wäre das für ein Gott, der sich bitten oder durch Gebete milde stimmen ließe? Ich glaube nicht, dass Gott auf ein Gebet hin in das Geschehen eingreift. Es wäre ein Eingeständnis dafür, dass die Naturgesetze nicht optimal konzipiert sind. Gott wäre nicht Gott, wenn er (oder es) zuerst Regeln aufstellt, um sie dann außer Kraft zu setzen, wenn jemand darum bittet.

Es gibt zwei verschiedene Formen des Betens: *Dankgebete* und *Fürbitten*. Nur die ursprüngliche Form, das Dankgebet, halte ich für eine sinnvolle Möglichkeit des Meditierens. Es existiert so vieles, für das wir dankbar sein können – allem voran das eigene Leben. Indem ich dafür danke, mache ich mir bewusst, wie kostbar das Leben ist. *Beten hilft den Betenden – nicht denen, für die wir beten.* Ich bezweifle, dass wir mit Fürbitten etwas in der Zukunft beeinflussen können. Das Gebet eines Fußballfans, der für seine Mannschaft den Sieg erbittet, erscheint vielen Gläubigen wie eine Gotteslästerung. Es unterscheidet sich aber nicht grundsätzlich vom Gebet eines Soldaten, der sich von Gott wünscht, dass seine Armee den Krieg gewinnen möge. Es besteht nicht einmal ein grundsätzlicher Unterschied zum Gebet eines Grippepatienten, der Gott darum bittet, dass die eigenen Körperzellen im Kampf gegen die Grippeviren gewinnen mögen. In allen drei Fällen soll Gott Partei ergreifen und einer Mannschaft, einer Armee oder einer bestimmten Gruppe von Zellen zum Sieg verhelfen. Doch was geschieht mit der anderen Partei? Wie soll sich Gott entscheiden, wenn auch die andere Partei um seine Hilfe bittet? Falls so etwas wie ein »Gott für alle« existiert, kann er (oder es) nicht parteiisch sein. Zufall wäre kein Zufall, wenn wir ihn durch unsere Gebete beeinflussen oder gar ausschalten könnten.

Ich bin fest davon überzeugt, dass Gott unsere Nöte kennt, ohne dass wir sie in einem Gebet mitteilen müssten. Wenn Gott etwas ändern wollte, bräuchte er (oder es) nicht unser Gebet dazu. Dass Gott unsere Nöte kennt und dennoch nicht eingreift, hat vielleicht einen ganz einfachen Grund: Gott ist nicht außerhalb seiner Schöpfung, sondern mitten unter uns. Gott kann gar nicht von außen in das Geschehen eingreifen, weil Gott zugleich das Geschehen ist. Dass wir uns so einen Gott nicht vorstellen können, liegt in der Natur Gottes. Dass dieser Gott nicht in das Geschehen eingreifen kann, spricht aber gegen seine Allmacht. »Allmacht« ist jedoch ohnehin ein sehr problematischer Begriff, *weil auch er einen Selbstbezug enthält*. Etwas Allmächtiges könnte seine Macht auf alles ausüben, also auch auf sich selbst. Demnach würde es sich seiner eigenen Freiheit berauben! Wer glaubt, Gott aus dieser Zwickmühle befreien zu können, indem er seine Allmacht als »Macht über die Schöpfung« begreift, zahlt noch immer einen zu hohen Preis: Er spricht zwar nicht Gott den freien Willen ab, aber uns. Der Preis ist zu hoch, weil dann jeder Terroranschlag als ein Wille Gottes betrachtet werden könnte. Die Theodizee-Frage lässt grüßen!

Meines Erachtens gibt es nur eine schlüssige Lösung für das Theodizee-Problem: Gott ist kein Schöpfer außerhalb seiner Schöpfung, der beliebig in das Geschehen eingreifen kann, *sondern Gott ist Schöpfer und Schöpfung in einem.*[57] Dieser Gott wirkt in jedem von uns und hat Anteil an unserer Freude und unserem Leid. Terroranschläge und Amokläufe sind besonders destruktive Umsetzungen unseres freien Willens. Kein Tier käme auf die Idee, sich oder Tausende seiner Artgenossen in die Luft zu sprengen! Dass sich Lebewesen von anderen Lebewesen ernähren, hat einen anderen Grund: der Instinkt, sich und der eigenen Art das Überleben zu sichern. Auch dieses Grundprinzip der Evolution zeigt sehr deutlich, dass kein Lebewesen um seiner selbst willen existiert, sondern dass wir Lebewesen uns alle gegenseitig brauchen, um andere, höhere Werte zu erschaffen. Freiheit ist ein kostbares Gut. Dass nicht alle Menschen damit umgehen können, stellt nicht die Existenz Gottes in Frage, sondern unser Verständnis von Gott.

Offensichtlich bestimmen Regeln (Naturgesetze) und Zufälle das Geschehen im Universum. Regel und Zufall – woher ist uns diese Kombination bekannt? Vom Spiel! *Das ganze Leben ist ein Spiel mit Regeln und Zufällen.* Damit können wir jetzt die Frage nach dem Sinn der Naturgesetze und Zufälle plausibel beantworten: Ein Spiel ohne Regeln verläuft chaotisch; ein Spiel ohne Zufälle verläuft reglementiert. Erst Naturgesetze sorgen für die lebensnotwendige Ordnung und Komplexität; erst der Zufall sorgt für die lebensnotwendige Freiheit und Kreativität.

Mit dem Gedanken, dass unser Leben auf Regel *und* Zufall beruht, lässt sich auch endlich die unrühmliche Debatte über *Kreationismus* und *Intelligent Design* beenden. Die Kreationisten nehmen das Alte Testament allzu wörtlich und halten den Menschen immer noch für eine Sonderanfertigung Gottes. Diese Hypothese hat die Molekulargenetik längst widerlegt: 99 Prozent des Erbgutes von Mensch und Schimpanse sind identisch,[58] das heißt, der Mensch stammt vom Tier ab. Anhänger des Intelligent Design, einer pseudowissenschaftlichen Variante des Kreationismus, halten viele Lebewesen für zu komplex, als dass sie nur durch Zufall hätten entstehen können. Der dramatische Anstieg der Artenvielfalt vor rund 540 Millionen Jahren sei bloß mit dem Eingriff eines intelligenten Designers zu erklären.[59] Nein! Es könnte auch weise Voraussicht gewesen sein: Dass die Bedingungen auf der Erde lebenstauglich sind, war Zufall. Die Erde hat zufällig den richtigen Abstand zur Sonne und somit die richtige Temperatur, verfügt zufällig über ausreichend Wasser und stellt zufällig alle zum Leben notwendigen chemischen Elemente bereit. Dass sich unter solchen Bedingungen in einer relativ kurzen Zeit komplexe Lebewesen entwickelt haben, war aber kein Zufall, sondern die Konsequenz durchdachter Naturgesetze. Hier ist jemand oder etwas am Werk gewesen und hat diese lebensstiftenden Naturgesetze aufgestellt oder sich selbst darin verwirklicht.

Das Wichtigste in Kürze

- Nichts kann den Zufall beeinflussen.
- Ein allmächtiger Gott hätte keine Freiheit.
- Das Leben ist ein Spiel mit Regeln und Zufällen.

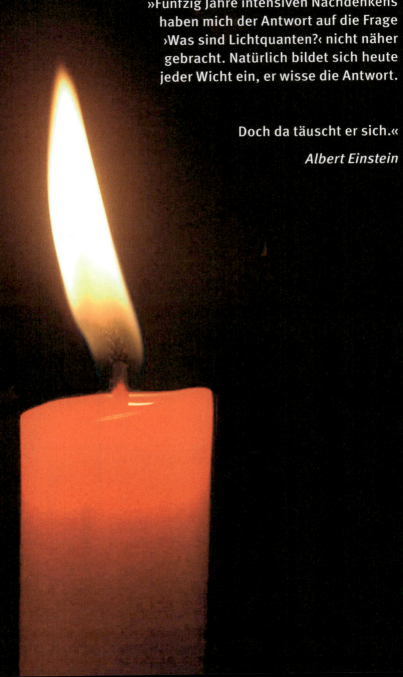

»Fünfzig Jahre intensiven Nachdenkens haben mich der Antwort auf die Frage ›Was sind Lichtquanten?‹ nicht näher gebracht. Natürlich bildet sich heute jeder Wicht ein, er wisse die Antwort.

Doch da täuscht er sich.«

Albert Einstein

Der Lichtspeicher

Licht hat etwas Mystisches. Es ist der leichteste Bestandteil des Universums. In vielen Sprachen, beispielsweise im Deutschen, ist diese Leichtigkeit bereits in der Wortwurzel verankert: *Licht* ist *l(e)icht*. Die englische Sprache unterscheidet gar nicht erst zwischen »Licht« und »leicht«. *Light* heißt sowohl »Licht« als auch »leicht«. Wen das noch nicht beeindruckt, möge darüber nachdenken, dass das Leichteste nach den Regeln der Mechanik zugleich das Allerschnellste ist, was sich transportieren lässt. Nichts kann sich schneller fortbewegen als das Licht, das heißt, nichts kann dem Licht entkommen. Licht ist allumfassend. Es bewegt sich nicht wirklich in Raum und Zeit, *sondern es spannt Raum und Zeit auf.*

Was können wir sonst noch aus dem letzten Absatz lernen? Weil wir als Menschen eine Masse tragen, ist uns das Licht immer einen Schritt voraus. Das ist eine äußerst tiefsinnige Erkenntnis. Unser eigenes Körpergewicht hindert uns daran, jemals die umfassende Perspektive des Lichts einzunehmen. Die Menschheit kann also niemals begreifen, was das Licht eigentlich ist. Vielleicht unterstellte Albert Einstein deshalb jedem es besser wissenden »Wicht«, dass er sich täusche.[60] Dennoch ersinnen ausgerechnet die Physiker immer wieder neue Experimente, um zu verstehen, woraus denn das Licht bestehen könnte – mit sehr widersprüchlichen Ergebnissen! Je nachdem, mit welcher Versuchsanordnung wir das Licht untersuchen, scheint es entweder aus ausgedehnten Wellen oder aus lokalisierten Teilchen zu bestehen.

Beim sogenannten *Doppelspalt-Experiment* durchläuft das Licht zwei Spalte, die in eine Trennwand eingebracht sind. Vor der Trennwand befindet sich die Lichtquelle (siehe Abbildung 25). Das Licht, das durch die Spalte tritt, lässt sich auf einem Beobachtungsschirm hinter der Trennwand nachweisen. Solange beide Spalte offen sind, sehen wir auf dem Beobachtungsschirm helle und dunkle Streifen (sogenannte *Interferenzstreifen*). Dieses Resultat wird gerne so gedeutet, dass die Lichtquelle elektromagnetische Wellen aussendet, die auch durch die beiden Spalte treten. Hinter den Spalten breiten sich die Wellen frei aus, verstärken sich gegenseitig an einigen Orten auf dem Beobachtungsschirm und löschen sich dafür an anderen Orten gegenseitig aus. Ein ähnliches Phänomen können wir bei Wasserwellen auf der Oberfläche eines Sees beobachten. Deswegen spricht dieses Experiment für die *Wellennatur* des Lichts.

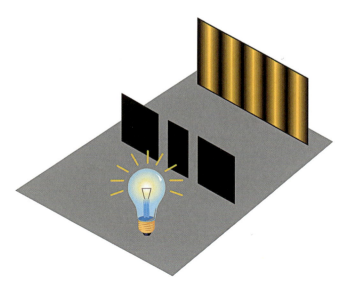

Abb. 25: Doppelspalt mit einem Beobachtungsschirm

Nun ersetzen wir den Beobachtungsschirm durch zwei sogenannte *Photomultiplier* (Lichtdetektoren) PM1 und PM2, die beim Auftreffen von Licht elektrische Impulse abgeben. Die Impulse können auf einem Bildschirm sichtbar gemacht werden (siehe Abbildung 26). Wenn wir die Lichtdetektoren direkt hinter den Spalten positionieren, messen sie Signale, die keinen Bezug zueinander haben. Dieser Befund kommt unerwartet, weil er dem Wellenbild des Lichts widerspricht. Würde das Licht aus Wellen bestehen, so müssten dieselben Wellen beide Spalte passieren, das heißt, die Signale wären irgendwie miteinander korreliert. Die fehlende Korrelation wird so gedeutet, dass das Licht jetzt aus einzelnen Teilchen besteht. Jedes Teilchen kann nur durch einen der zwei Spalte getreten sein, so dass die gemessenen Signale unkorreliert sein müssen. Dieses modifizierte Experiment spricht für die *Teilchennatur* des Lichts.

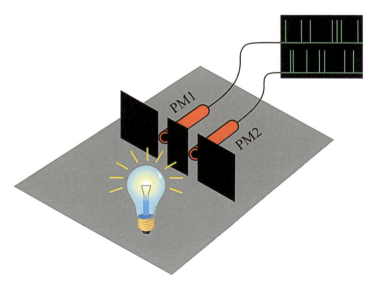

Abb. 26: Doppelspalt mit zwei Photomultipliern

Einerseits verhält sich das Licht also wie Wellen, wenn wir es auf einem Beobachtungsschirm zur Interferenz bringen. Andererseits verhält sich das Licht wie Teilchen, wenn wir es mit Photomultipliern detektieren. Könnte das Licht Welle und Teilchen zugleich sein, wie es noch zu meiner Schulzeit gelehrt wurde? Nein, diese beiden Möglichkeiten schließen sich gegenseitig aus, weil sich Wellen räumlich ausdehnen und Teilchen stets lokalisiert bleiben. Wellen und Teilchen sind lediglich Bilder, die zur Veranschaulichung des Lichts herangezogen werden.[61] Begreifen lässt sich das Wesen des Lichts damit nicht, weil es Bilder in Raum und Zeit sind. Es sei angemerkt, dass sich auch materielle Objekte wie Atome und Elektronen derart komplementär verhalten. Womöglich lässt sich auch das Wesen von Materie nur aus der Perspektive des Lichts verstehen.

Wir halten fest, dass es falsch ist, Licht mit elektromagnetischen Wellen oder Photonen (Lichtteilchen) gleichzusetzen, auch wenn es sich hierbei um gebräuchliche Bilder handelt. Selbst die Gleichsetzung des Lichts mit Energie ist physikalisch nicht korrekt. Licht trägt Energie, aber Licht ist nicht pure Energie, weil wir ihm auch andere physikalische Größen zuordnen können, beispielsweise einen Impuls.[62] Dass Licht nicht dasselbe wie Energie sein kann, lässt sich bereits erkennen, wenn wir eine Kerze anzünden. Bevor wir sie anzünden, ist es dunkel, aber die Energie steckt schon im Kerzenwachs. Sobald wir die Kerze anzünden, brennt der Docht und verbrennt dabei das Wachs. Es wird hell, und wir sehen eine Flamme. In ihr verbrennt das bereits verdampfte Kerzenwachs. Die Flamme ist jedoch nicht das Licht, von dem ich hier spreche. Licht ist das, was in meine Augen gelangt oder was ich mit meiner Haut als Wärme (infrarotes Licht) spüren kann. Die Flamme berührt weder meine Augen noch meine Haut. Sie befindet sich stets über der Kerze. Licht ist das große Unbekannte, das die Information der brennenden Kerze in die Augen überträgt. Ist Licht somit Information? Damit kommen wir dem Wesen des Lichts schon viel näher, denn das *Licht speichert* alles, was im Universum geschieht. Das Licht ist eine Art »Tagebuch der Schöpfung«. Wirklich begriffen haben wir das Licht damit aber nicht. Es wird für uns stets ein Mysterium bleiben.

Sie können sich leicht davon überzeugen, wie unermesslich dieser Lichtspeicher ist: Während Ihres Lebens strahlen Sie pausenlos Licht ab. Sie reflektieren nicht nur das Licht der Sonne oder einer Lampe, sondern Sie produzieren auch (wie alle materiellen Objekte) infrarotes Licht in Form von Wärmestrahlung. Noch mehr Wärme entsteht, wenn Sie sich bewegen, fühlen, lernen oder denken! Ihr Licht durchflutet das Universum mit Lichtgeschwindigkeit (siehe Abbildung 27). Sobald Sie Licht abgegeben haben, können Sie es nie mehr einholen und löschen, weil es immer schneller ist als Sie. Es ist Ihr Eintrag ins Tagebuch der Schöpfung, und es existiert auch noch nach Ihrem Tod.

Abb. 27: Der Lichtspeicher

Wow, das von mir abgestrahlte Licht soll sogar meinen Tod überdauern? Wie geht das denn? Betrachten Sie dazu Abbildung 28! Die linke Bildhälfte zeigt, wie ich heute Licht produziere, während ich mich bewege, fühle, lerne oder denke. In der rechten Bildhälfte (etwa tausend Jahre später) bin ich bereits tot, aber mein Licht hat das Universum nicht verlassen können, weil es zum Universum kein »Außerhalb« gibt. Mein Licht breitet sich weiter im Universum aus und ist nun tausend Lichtjahre[63] von meinem Grab entfernt. Verglichen mit intergalaktischen Entfernungen sind tausend Lichtjahre ein kleiner Klacks. Unsere Nachbargalaxie *Andromedanebel* ist mehr als zwei Millionen Lichtjahre entfernt!

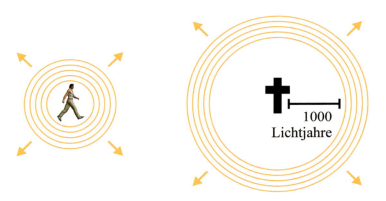

Abb. 28: Mein Licht heute und tausend Jahre später

Vielleicht wenden Sie jetzt ein, dass Licht auch von Materie absorbiert werden kann. Das ist völlig korrekt, und dennoch werden die Informationen aus meinem Leben nicht verloren gehen. Wieso nicht? Weil Licht weder aus Wellen noch aus Teilchen besteht, die von Materie verschluckt werden könnten. Licht ist ein komplexer, das gesamte Universum durchdringender Speicher, in dem jedes Objekt unauslöschliche

Spuren hinterlässt. In gewisser Weise ist es mit dem *World Wide Web* vergleichbar. Eine Information, die einmal eingespeist worden ist, wird vielerorts hinterlegt und ist praktisch nicht mehr zu löschen. Sie hat dann schon ihre »Kreise« gezogen (wie die Kreise in den Abbildungen 27 und 28).

Es gibt einen einfachen Trick, wie Sie sich die speichernde Wirkung des Lichts veranschaulichen können: Schauen Sie in einer sternklaren Nacht zum Himmel! Einige Sterne sind wenige, andere sind viele Lichtjahre von uns entfernt. Was heißt denn das? Wegen der endlichen Lichtgeschwindigkeit ist unser Blick in die Sterne ein Blick in die Vergangenheit. Unser Nachbarstern *Proxima Centauri,* der vier Lichtjahre von uns entfernt ist, leuchtet in einem Gewand, das er vier Jahre zuvor getragen hat. Unsere Nachbargalaxie *Andromedanebel* präsentiert sich in einem Kleid, das schon mehr als zwei Millionen Jahre alt ist (siehe Abbildung 29). Je weiter wir den Blick schweifen lassen, umso tiefer schauen wir in die Zeit zurück. Licht spiegelt die Vergangenheit.

Abb. 29: Andromedanebel

Das Licht dokumentiert alles. Selbst das Licht aller unserer Vorfahren ist noch immer im Universum gegenwärtig. Eine unheimliche Vorstellung? Nein, das ist keine Esoterik, sondern angewandte Physik! Dennoch wird keine noch so ausgetüftelte Theorie das Licht jemals dingfest machen können. Nicht ohne Grund bringen alle Weltreligionen das Licht mit dem Göttlichen in Verbindung. So bezeichnete sich Christus selbst als »das Licht der Welt«.[64] Im Koran wird verkündet: »Allah ist das Licht des Himmels und der Erde.«[65] Die jüdische Kabbala enthüllt: »Wisse, dass vor der Schöpfung nur das eine höhere Licht existierte.«[66] Die Bhagavad Gita stellt fest: »Er wird der Lichter Licht genannt, das alle Finsternis zerstreut.«[67] Die Buddhisten verehren *Amida Nyorai* als das Licht, »das wahr und wirklich ist«.[68]

Wie in all meinen Büchern mache ich mich auch hier nicht für eine bestimmte Religion stark. Einerseits halte ich jede Religion für menschengemacht[69] und somit für fehlerhaft – vor allem dort, wo sie kein kritisches Hinterfragen zulässt. *Die attraktivste Religion ist wertlos, wenn sie nicht hinterfragt werden darf.* Andererseits glaube ich, dass Religionen durchaus unsere Wegweiser sein können, wenn wir uns auf ihre Kernbotschaften konzentrieren. Wie sich ein Berggipfel auf verschiedenen Wegen erklimmen lässt, so führt uns jede der fünf Weltreligionen zur Wahrheit: das Christentum zur Liebe, der ursprüngliche Islam zum friedlichen Miteinander, das Judentum zum ganzheitlichen Denken, der Hinduismus zur Wertschätzung von allem Leben und der Buddhismus zu Wissen und Erkenntnis. Der indische Menschenrechtler und Pazifist Mahatma Gandhi wählte alle fünf Wege auf einmal. Auf die Frage, ob er Hindu sei, soll er geantwortet haben:[70] »Ja, das bin ich, und ich bin auch Christ, Moslem, Buddhist und Jude.«

Bevor Sie sich gleich der zweiten Hälfte dieses Buches zuwenden, möchte ich noch ein Versprechen einlösen, das ich im Prolog gegeben hatte. Ich behauptete dort, dass sich drei offene Rätsel der Physik mit ein und derselben Antwort lösen lassen. Weshalb können wir die Natur nicht als unbeteiligte Zuschauer beobachten? Warum ist die Suche nach der Weltformel vergeblich? Wieso können wir nicht begreifen, was Licht ist? Wie ein roter Faden verbindet meine Antwort die bisherigen Kapitel: Diese drei Rätsel enthalten versteckte Selbstbezüge, die leicht zur Stolperfalle werden. Ich kann die Natur nicht als unbeteiligter Zuschauer beobachten, weil ich *selbst* Natur bin. Eine Weltformel kann nicht existieren, weil sie sich *selbst* berechnen müsste. Wir können das Licht nicht in den Strukturen von Raum und Zeit begreifen, weil es das Licht *selbst* ist, das Raum und Zeit aufspannt. Somit steckt der Rätsel Lösung im Wort »selbst«!

Bislang haben wir uns mit Begriffen befasst, die gemeinhin als »wissenschaftlich« gelten. Diese Einschränkung werden wir jetzt fallen lassen, wenn wir unsere Sinnsuche mit einer mindestens genauso spannenden Frage fortsetzen: Glauben Physiker noch an Gott?

Das Wichtigste in Kürze

- Licht spannt Raum und Zeit auf.
- Licht ist ein unermesslicher Speicher.
- Religionen assoziieren das Licht mit Gott.

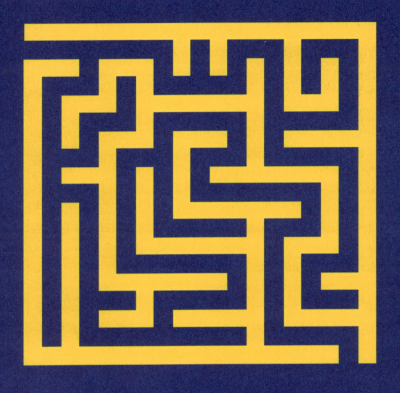

»Für den gläubigen Menschen steht Gott am Anfang,
für den Naturwissenschaftler am Ende allen Denkens.«

Max Planck

Frage 6:
Glauben Physiker noch an Gott?

Planck über sein Verhältnis zu Religion: »… dass ich seit jeher tief religiös veranlagt bin, dass ich aber nicht an einen persönlichen Gott, geschweige denn an einen christlichen Gott glaube.«[71]
Max Planck (1858–1947)

»Ich glaube an Spinozas Gott, der sich in der gesetzlichen Harmonie des Seienden offenbart, nicht an einen Gott, der sich mit den Schicksalen und Handlungen der Menschen abgibt.«[72]
Albert Einstein (1879–1955)

»Der erste Trunk aus dem Becher der Naturwissenschaften macht atheistisch, aber auf dem Grund des Bechers wartet Gott.«[73]
Werner Heisenberg (1901–1976)

»Man kann nicht beweisen, dass Gott nicht existiert, … aber die Wissenschaft macht Gott überflüssig.«[74]
Stephen Hawking (*1942)

Selbstverständlich repräsentieren diese vier Physiker nicht die Gesamtheit der Physikerinnen und Physiker. Die Frage, ob Physiker noch an Gott glauben, lässt sich nicht pauschal beantworten. Dennoch belegen diese vier Zitate, dass viele brillante Physiker trotz (vielleicht aber auch gerade wegen!) ihrer umfangreichen Kenntnisse über Gott nachdenken. Sie kommen dabei jedoch zu äußerst unterschiedlichen Einsichten. Während Plancks, Einsteins und Heisenbergs Glaube an Gott durch die Physik gefestigt wurde, kehrte sich Hawking im Laufe der Zeit immer mehr von Gott ab.

Bemerkenswert ist, dass weder Planck, noch Einstein, noch Heisenberg am Ende ihres Lebens an einen personalen Gott glaubten. Offensichtlich führte ihre intensive Beschäftigung mit Physik zu der Erkenntnis, dass die Geschichte vom »lieben Gott« ein Märchen sein müsse. In den Jahren 1913 und 1998 wurden bedeutende Physiker in den USA nach ihrem Glauben an einen personalen Gott und die eigene Unsterblichkeit befragt (siehe Abbildung 30). Das Ergebnis spricht für sich: Am Anfang des 20. Jahrhunderts glaubte mehr als ein Drittel der antwortenden Physiker an einen personalen Gott beziehungsweise an die eigene Unsterblichkeit.[75] Am Ende des 20. Jahrhunderts waren es nur noch 7,5 Prozent.[76] Es scheint, als hätte der Erkenntnisgewinn in der Physik zu einem deutlichen Rückgang in der Religiosität geführt.

Im Jahr	1913	1998
glaubten an einen personalen Gott	34,8 %	7,5 %
glaubten an die eigene Unsterblichkeit	40,0 %	7,5 %

Abb. 30: Bedeutende Physiker und ihr Glauben

Lückenbüßer oder die Wirklichkeit

Doch der Schein trügt. In beiden Studien wurde nach dem Glauben an einen *personalen* Gott und die *eigene* Unsterblichkeit gefragt. Viele Physiker sind nach wie vor religiös, haben aber eine andere Vorstellung von Gott und Unsterblichkeit. Lassen Sie uns also jetzt herausfinden, woraus die Religiosität so wegweisender Physiker wie Planck, Einstein und Heisenberg besteht!

Planck stellte feste: »Nichts hindert uns also, ... die beiden überall wirksamen und doch geheimnisvollen Mächte, die Weltordnung der Naturwissenschaft und den Gott der Religion, miteinander zu identifizieren. Danach ist die Gottheit, die der religiöse Mensch mit seinen anschaulichen Symbolen sich nahezubringen sucht, wesensgleich mit der naturgesetzlichen Macht.«[77]

Einstein argumentierte: »Der Forscher aber ist von der Kausalität allen Geschehens durchdrungen ... Das Moralische ist ihm keine göttliche, sondern eine rein menschliche Angelegenheit. Seine Religiosität liegt im verzückten Erstaunen über die Harmonie der Naturgesetzlichkeit, in der sich eine so überlegene Vernunft offenbart, dass alles Sinnvolle menschlichen Denkens und Anordnens dagegen ein gänzlich nichtiger Abglanz ist.«[78]

Heisenberg antwortete auf die Frage, ob er an einen personalen Gott glaube: »Darf ich die Frage auch anders formulieren? Dann würde sie lauten: Kannst du oder kann man der zentralen Ordnung der Dinge oder des Geschehens, an der ja nicht zu zweifeln ist, so unmittelbar gegenübertreten, mit ihr so unmittelbar in Verbindung treten, wie dies bei der Seele eines anderen Menschen möglich ist? ... Wenn du so fragst, würde ich mit Ja antworten.«[79]

Aus diesen drei Zitaten können wir sehr schön herauslesen, an welchen Gott die Physiker Planck, Einstein und Heisenberg jeweils geglaubt haben: Nach Planck ist Gott wesensgleich mit den *Naturgesetzen*. Nach Einstein offenbart sich Gott in der *Kausalität* der Natur. Nach Heisenberg ist Gott die *zentrale Ordnung* der Wirklichkeit.

Auch Hawking glaubt sicher an die Macht der Naturgesetze, die Kausalität der Natur und die Ordnung der Wirklichkeit, aber der Begriff »Gott« ist für Hawking anderweitig belegt: mit einer Person. Das heißt, die Kluft zwischen Planck, Einstein, Heisenberg und ihm löst sich weitgehend in Luft auf, sobald Hawking alles, was er glaubt, mit »Gott« gleichsetzt. Dass auch Hawking an die Naturgesetze glauben muss, hat einen einfachen Grund: Beweise gibt es in der Mathematik und der Philosophie, jedoch nicht in der Physik. Wir können an eine naturwissenschaftliche Theorie glauben – oder auch nicht. Wir können sie aber nie verifizieren, sondern stets nur falsifizieren, das heißt, mit Experimenten widerlegen. Somit können wir uns nie sicher sein, dass eine naturwissenschaftliche Theorie wahr ist, weil sie jederzeit (vielleicht auch erst in tausend Jahren) widerlegt werden könnte.

Dass wir Physiker mehr glauben, als wir tatsächlich wissen, möchte ich mit einem kleinen Beispiel belegen: Als ich zur Schule ging, hieß es noch, das Universum sei vor etwa vier Milliarden Jahren entstanden.[80] Als ich fünf Jahre später im Rahmen meines Physikstudiums eine Vorlesung über Astronomie besuchte, waren daraus plötzlich 14 Milliarden Jahre geworden.[81] Innerhalb von nur fünf Jahren wurde das Alter des Universums um volle zehn Milliarden Jahre nach oben korrigiert, weil eine bereits bestehende Theorie an neue Erkenntnisse angepasst wurde!

Die kurze Frage »Glauben Physiker?« lässt sich also durchaus pauschal beantworten – mit Ja. Auf die Grundfrage des Kapitels existiert diese pauschale Antwort nicht, weil Physiker wie alle Menschen verschiedene Vorstellungen davon haben, was »Gott« sein könnte. Dass bloß noch 7,5 Prozent der bedeutenden Physiker an einen personalen Gott glauben, zeigt, wie schwer ein solcher Gott mit der modernen Physik zu vereinbaren ist. Einstein hat dieses Problem frühzeitig erkannt und einen Ausweg vorgeschlagen: »Die gegenwärtige Spannung zwischen Religion und Naturwissenschaft rührt hauptsächlich aus der Auffassung eines persönlichen Gottes her ... In ihrem Kampf um das Gute müssten die Lehrer der Religion die innere Größe haben und die Lehre von einem persönlichen Gott fahren lassen, das heißt, auf jene Quelle von Furcht und Hoffnung verzichten, aus der die Priester in der Vergangenheit so riesige Macht geschöpft haben.«[82]

Je mehr ich darüber nachdenke, umso schwerer scheint mir Einsteins Vorschlag umsetzbar zu sein. Als Menschen erleben wir die Wirklichkeit aus der Perspektive von Raum und Zeit, das heißt als ein Gegenüber und Nacheinander. Darum neigen gläubige Menschen dazu, auch Gott in diese Strukturen einzuordnen. Sie suchen in Gott einen Ansprechpartner, dem sie sich anvertrauen können und der wohlgesonnen in ihre Zukunft eingreifen kann. *Es fällt schwer, zu einem Gott zu beten, der kein Gegenüber ist.* Ich halte es für sinnvoller, darüber nachzudenken, wie sich der personal gedachte Gott und der nicht-personal gedachte Gott miteinander vereinbaren lassen. Gott könnte doch Regisseur und Bühne zugleich sein. In diesem Sinne hatte ich Gott auf Seite 72 als »Schöpfer und Schöpfung in einem« bezeichnet. Diesem Gott kann ich im Gebet gegenübertreten, obwohl er alles durchdringt. Mit anderen Worten: Aus meiner körperbedingten Perspektive von Raum und Zeit darf ich mir Gott als ein Gegenüber vorstellen, und trotzdem kann Gott aus der Perspektive des Lichts allumfassend sein. Vielleicht ist auch Gott ein Verb –

ein Verb, das jedes Ich einschließt: Gott ist das Geschehen, dass *und* das ich bin. Dieser Auffassung von Gott begegnen wir bereits in der jüdischen Mystik.[83] Der kanadische Autor William Paul Young hat sie sich angeeignet und in seinem Bestseller *Die Hütte* verarbeitet. Darin charakterisiert Gott sich selbst: »Ich bin ein Verb! Ich bin lebendig, dynamisch, ewig aktiv und immer in Bewegung. Ich bin ein Geschehen, nichts Feststehendes.«[84]

Ahnen Sie schon, worauf ich hinaus möchte? Dass Gläubige und Ungläubige miteinander streiten und dabei naturwissenschaftliche Erkenntnis gegen religiösen Glauben ausspielen, liegt bloß daran, dass sie den Begriff »Gott« unterschiedlich auslegen. Wenn wir alles Geschehen als »Gott« bezeichnen, können wir gar nicht an der Existenz Gottes zweifeln, ohne uns dabei selbst in Frage zu stellen. Ich behaupte nicht nur, dass Gott wirklich ist, sondern dass Gott in allem wirkt, was lebt. Gott lenkt nicht und greift auch nicht von außen in das Geschehen ein, sondern Gott wirkt in jedem von uns. *Indem wir leben, entfaltet sich Gott.*

Natürlich lassen sich solche Gedanken nicht im Experiment überprüfen. Sie distanzieren mich vom sogenannten *Positivismus,* der besagt, dass alle Erkenntnis auf Tatsachen (also auf etwas Positives) zurückzuführen sei. Anhänger des Positivismus weisen Gott gerne die Rolle des Lückenbüßers zu. Tatsächlich wächst die Erkenntnis in den Naturwissenschaften derzeit so rasant, dass die Versuchung groß ist, Gott mit einem Lückenbüßer gleichzusetzen. Im Sinne von: »Gott ist alles, was wir noch nicht verstanden haben.« Demnach wäre Gott überflüssig, falls wir eines Tages alles verstehen könnten. Doch genau das ist der Denkfehler! Im Kapitel über die Weltformel hatte ich gezeigt, dass es wohl nie eine wissenschaftliche Theorie geben wird, mit der sich alles verstehen lässt. Deshalb kann Gott kein Lückenbüßer für das sein, was wir noch nicht verstanden haben, sondern Gott ist die Erklärung dafür, dass wir nie alles verstehen können. Wachsende, naturwissenschaftliche Erkenntnis verdrängt Gott nicht aus dem Kosmos, sondern sie lässt uns Gott auf eine ganz neue Weise entdecken. Jede Religion ist gut beraten, sich diesem Geist der Zeit nicht zu verschließen.

»Auch Physiker brauchen Gott, aber sie drücken es anders aus«, sagt der deutsche Quantenphysiker Hans-Peter Dürr.[85] Was ihn und viele andere Physiker an der Natur fasziniert, sind keine personalen Eigenschaften wie »gütig«, »gnädig« und »gerecht«, sondern ihre innere Ordnung und Schönheit. In der Forschung vertrauen wir geradezu auf diese Ordnung, weil unsere Arbeit andernfalls keine Früchte tragen könnte. Eine Natur, die sich jedes Mal anders verhielte, wäre keiner wissenschaftlichen Untersuchung zugänglich. Ihre vollkommene Schönheit offenbart die Natur jedoch erst dann, wenn wir sie als ein großes Ganzes begreifen. Beispielsweise liegt den Planetenbahnen um die Sonne dasselbe Naturgesetz zugrunde wie dem freien Fall eines Apfels. Indem wir uns das Verbunden-Sein solcher Phänomene bewusst machen, erhaschen wir einen Blick auf Gott. Ähnliches gilt übrigens für die Musik und die Kunst. Die Harmonie einer Sinfonie oder eines Gemäldes erkennen wir auch erst dann, wenn wir uns das Zusammenspiel der darin enthaltenen Töne beziehungsweise Farben bewusst machen. Verbunden-Sein spielt eine so essenzielle Rolle in der Natur, dass ich ihm das Schlusskapitel widmen werde.

Die Schönheit der Natur ist äußerst vielfältig. Sie erstreckt sich über die *Symmetrie* von Eiskristallen und Schmetterlingen bis zur sogenannten *Forminvarianz* von Naturgesetzen. Ein Naturgesetz ist forminvariant, wenn es seine mathematische Form bei einem Perspektivenwechsel beibehält. Wir Physiker sind heute richtig stolz, wenn wir eine Theorie auf solche Prinzipien stützen können, aber das war nicht immer so. Als Albert Einstein die Forminvarianz der Naturgesetze und die Konstanz der Lichtgeschwindigkeit voraussetzte,[86] um die Relativitätstheorie herzuleiten, wurde er von vielen Kollegen zunächst für verrückt erklärt. Doch Einstein sollte recht behalten. Während einer totalen Sonnenfinsternis im Jahr 1919 konnten die Voraussagen seiner Theorie mit einer hohen Präzision bestätigt werden.[87]

Seither sind immer mehr Physikerinnen und Physiker davon überzeugt, dass der Natur fundamentale Prinzipien zugrunde liegen, die weit über das hinausgehen, was wir mit unseren Sinnesorganen erfassen können. Die Mathematik ist die einzige Sprache, mit der sich diese Prinzipien angemessen beschreiben lassen. Doch die Mathematik ist eine emotionslose Sprache. Sie ist weder gütig, gnädig, noch gerecht, und passt deshalb gut zu dem, wie sich die Natur uns präsentiert. Macht die Wissenschaft also Gott überflüssig, wie Hawking es formulierte? Mitnichten! Erst die Wissenschaft bringt die zentrale Ordnung der Natur ans Licht. Allerdings räumt sie zugleich mit so mancher überlieferten Vorstellung von Gott auf – und genau das ist der Konflikt zwischen Religion und Wissenschaft, von dem Einstein sprach. Gleichnisse, die vor über 2000 Jahren verfasst wurden, beinhalten viel Weisheit, sind aber vom damaligen Wissensstand geprägt. Gott wäre nicht Gott, wenn er sich nur einem Volk offenbarte und ein anderes zugrunde gehen ließe. Moderne Naturwissenschaft tickt anders. Sie verzichtet auf persönliche Details und hebt dafür das Grundlegende hervor. Eben dort, »auf dem Grund des Bechers«, wartet Gott – und nicht im prunkvollen Glanz so mancher Kathedrale oder Moschee.

Lückenbüßer oder die Wirklichkeit

Oft wird mir die Frage gestellt, ob die Physik zwangsläufig zum Atheismus führe. Der Begriff »Atheismus« ist irreführend, wenn er sich nur auf den personalen Gott bezieht. Wie ich in diesem Kapitel erläutert habe, sind alle Physiker gläubig. Viele glauben sogar an Gott. Auch ich bin ein Physiker, begreife mich jedoch nicht als einen Atheisten, weil ich das altgriechische Wort $\vartheta\varepsilon o\varsigma$ nicht mit »personaler Gott« übersetze, sondern mit »Gott«. Als »Schöpfer und Schöpfung in einem« hat meine Auffassung von Gott sogar personale und nicht-personale Eigenschaften. Sie widerspricht somit nicht der christlichen Lehre, auch wenn viele Theologen den Gott der Christen ausschließlich personal verstehen. Tatsächlich leistet mein Gottesbegriff wesentlich mehr, weil er mit *allen* Weltreligionen *und* der modernen Physik vereinbar ist.

Ich schließe mit einem Gedanken von Albert Einstein, der mich mehr fasziniert als jeder Krimi: »Was mich eigentlich interessiert, ist, ob Gott die Welt hätte anders machen können; das heißt, ob die Forderung der logischen Einfachheit überhaupt eine Freiheit lässt.«[88]

Das Wichtigste in Kürze

- Alle Physiker sind gläubig.
- Physiker drücken Gott anders aus.
- Für sie offenbart sich Gott in der Natur.

»Ewigkeit ist der Augenblick des Erkennens.«

Yehudi Menuhin

Frage 7:
Was ist Ewigkeit?

Haben Sie schon einmal über die Bedeutung des Wortes »ewig« nachgedacht? Wir gebrauchen es oft als Synonym für »dauerhaft« oder »immerwährend«, aber nicht jede Redewendung ist sinnvoll. Was soll es heißen, wenn wir sagen, etwas habe »eine halbe Ewigkeit« gedauert? Lässt sich die Ewigkeit halbieren? Was ist die Hälfte von »immer«?

Theologisch betrachtet ist die Ewigkeit keine halbe Angelegenheit, sondern das Vollkommene. So mancher Grabstein weckt die Hoffnung, dass diese Ewigkeit mit dem Tod oder am Ende der Zeit beginne (siehe Abbildung 31). Doch nach der Relativitätstheorie gibt es weder *die* Zeit noch ein Ende *der* Zeit. Und beginnen kann das Ewige schon gar nicht.

Abb. 31: Grabstein mit irreführender Inschrift

Wenn die Ewigkeit nicht beginnen kann, wann ist sie dann? Auf diese Frage gibt es genau zwei logische Antworten: immer oder nie! Falls die Ewigkeit gar nicht existierte, gäbe es auch keine ewigen Werte, das heißt, aus dem Inhalt meines Lebens bliebe nichts ewig bestehen. In diesem Fall würde es keine Rolle spielen, wie ich lebe, und die Suche nach einem Sinn im Leben wäre überflüssig.

Was aber, wenn die Ewigkeit doch existierte? Dann könnte ich vielleicht in meinem Leben ewige Werte erschaffen und dem Leben somit einen Sinn geben. Wichtig ist die Erkenntnis, dass es sich dabei nur um eine Möglichkeit handelt: Ich *könnte* dem Leben einen Sinn geben, aber ich *muss* es nicht. Niemand zwingt mich dazu, und folglich kann auch ich niemanden dazu zwingen. Der Wille ist frei! Wer es in seinem Leben vorzieht, nicht nach ewigen Werten zu streben, muss seine Entscheidung nicht rechtfertigen.

Die Tatsache, dass Sie dieses Buch lesen, spricht allerdings dafür, dass Sie (wie ich) nach einem Sinn im Leben suchen. Lassen Sie uns also jetzt darüber nachdenken, wie das Ewige beschaffen sein müsste, falls es tatsächlich existiert. Wo ließe sich das Immerwährende finden? Sicher nicht im Bereich des Materiellen, weil alle Materie den Strukturen von Raum und Zeit unterworfen und darum vergänglich ist. Wir haben jedoch bereits gelernt, dass Raum und Zeit vom Licht aufgespannt werden. Demnach ist das Licht über Raum und Zeit erhaben und darum ein heißer Kandidat für das Ewige. Bitte beachten Sie hierbei, dass ich das Licht nicht als Welle oder Teilchen betrachte, sondern als einen unermesslichen Speicher. Materie kann durchaus einzelne Wellen oder Teilchen absorbieren, aber sie ist nicht imstande, den gesamten Lichtspeicher auszulöschen.

Eine physikalische Realität

Erinnern Sie sich noch an das Gedankenexperiment im Kapitel über den Urknall? Albert Einstein beobachtet von der Erde aus, wie Werner Heisenberg in einem Raumschiff von der Erde zum Mond fliegt. Aus Heisenbergs Perspektive ist die Flugdauer kürzer als aus Einsteins Perspektive. Für den Grenzfall einer Bewegung mit 100 Prozent Lichtgeschwindigkeit sagt die spezielle Relativitätstheorie voraus, dass die Flugdauer aus der Lichtperspektive null Sekunden beträgt. Für das Licht schrumpft tatsächlich jede zeitliche (und auch jede räumliche) Distanz auf den Wert null.[89] Was heißt denn das? Es bedeutet, dass das Licht weder ein Gegenüber noch ein Nacheinander kennt, sondern nur das *Hier* und *Jetzt*. Im Licht ist jedes Ereignis hier und jetzt, also stets gegenwärtig wie in einem Speicherchip oder auf einer DVD, selbst wenn es aus unserer Perspektive im Gegenüber und Nacheinander stattfindet (siehe Abbildung 32).

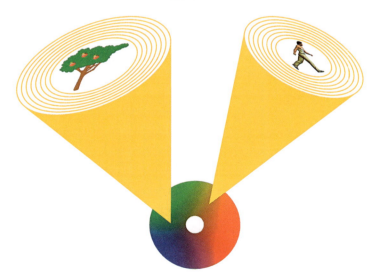

Abb. 32: Die Lichtperspektive

Das Jetzt ist. Es hat keinen Anfang und kein Ende, sondern währt immer. *Somit ist Ewigkeit die Perspektive des Lichts.* Weil das Licht existiert, ist die Ewigkeit sogar eine physikalische Realität. Wir irren, wenn wir glauben, Raum und Zeit seien real, aber die Ewigkeit sei nur eine Illusion. In Wahrheit verhält es sich genau anders herum: *Der* Raum und *die* Zeit sind Illusionen, aber die Ewigkeit ist real. Allerdings ist die Ewigkeit auf das Licht beschränkt, das heißt, sie ist allen materiellen Objekten vorenthalten.

Doch woraus besteht die Ewigkeit, wenn sie für die Materie unerreichbar ist? Hier ist zu beachten, dass eine Perspektive nur ein Blickwinkel ist. Als »Perspektive des Lichts« hat die Ewigkeit also keinen Inhalt. Der Inhalt steckt im Licht! Das Licht ist, wie bereits erläutert, ein Speicher. Der Speicher ist so unermesslich, dass ihm die Religionen die schillerndsten Namen gegeben haben: »Paradies«, »Himmelreich«, »Reich Gottes«, »Jenseits« oder »Nirwana«, um nur einige zu nennen. Einige Religionen assoziieren den Lichtspeicher jedoch mit so vielen Hoffnungen, allen voran mit der Hoffnung auf ein Leben nach dem Tod, dass seine eigentliche Funktion – ein *Weltgedächtnis* zu sein – leicht aus dem Blickfeld gerät. Nicht mehr (aber auch nicht weniger!) ist der Lichtspeicher: Er sammelt fehlerfrei sämtliche Informationen, die von den materiellen Objekten abgestrahlt werden. Nichts bleibt dem Licht verborgen. Weil abgestrahltes Licht nicht mehr eingeholt werden kann, bleiben die Informationen ewig bestehen. Das hat weitreichende Konsequenzen, denn mit allem, was wir tun, tragen wir zum Lichtspeicher bei, ob wir es wollen oder nicht. Wir hinterlassen nicht nur Spuren in der Materie, sondern auch im Licht. Und Gott (oder wie auch immer wir das kosmische Bewusstsein im Licht bezeichnen wollen) ist stets über alle unsere Schritte informiert!

Eine physikalische Realität

Ich vergleiche den Lichtspeicher oft mit einem Buch (siehe Abbildung 33), dessen Autoren wir alle sind. Jedes Lebewesen schreibt, solange es lebt, sein eigenes Kapitel in diesem Buch. Es kennt diesen Ausschnitt und Fragmente der Kapitel seiner Angehörigen und Freunde, aber nicht das gesamte Buch. Ein Buch existiert auch dann noch, wenn seine Autoren bereits gestorben sind. In gleicher Weise siegt das Licht als Weltgedächtnis über den Tod.

Abb. 33: Das Licht als Weltgedächtnis

Ein Buch oder eine DVD ist ein Bild, mit dem wir uns den Lichtspeicher veranschaulichen können. In Wirklichkeit ist das Licht jedoch – anders als ein Buch oder eine DVD – ein immaterielles Speichermedium. Dass es zum Speichern von Informationen keine Materie benötigt, belegt der schon diskutierte Blick in den nächtlichen Sternenhimmel. In diesem Punkt unterscheidet sich das Licht wesentlich vom Schall. Schallwellen können die Erde nicht verlassen, weil sie sich nur in materiellen Medien wie Luft oder Wasser ausbreiten. Allerdings moduliert der Schall das Lichtfeld, so dass sogar Sprache und Musik im Licht festgehalten sind.

Sehr aufschlussreich ist die Frage, wie das Licht überhaupt Informationen aufnehmen kann, wenn es kein Nacheinander kennt. Aus unserer Perspektive füllen wir den Lichtspeicher allmählich mit Inhalt, das heißt, wir schreiben eine Information nach der anderen ins Licht. Doch aus der Lichtperspektive, aus der jede Distanz den Wert null hat, »verstreicht« alle unsere Zeit in einem einzigen Augenblick. Im Licht ist jedes Ereignis in sämtlichen Details gegenwärtig – hier und jetzt. Beispielsweise sind auch alle Zwischenpositionen eines fallenden Apfels im Licht dokumentiert, weil der Apfel kontinuierlich Licht abstrahlt (siehe Abbildung 34).

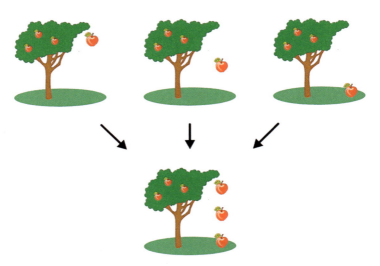

Abb. 34: Ein Hauch von Ewigkeit

Die Illustrationen können uns lediglich einen Hauch von Ewigkeit vermitteln. Tatsächlich ist im Licht nicht nur das Fallen eines Apfels in allen Details gespeichert, sondern

Eine physikalische Realität

Abb. 35: Ereignisse meines Lebens im Licht

auch sein Reifen und das Wachsen des Baumes. Die unmittelbare Präsenz sämtlicher Details macht jegliche Dynamik zunichte – das Ewige ist statisch! Wie fremd uns diese Perspektive ist, können wir daran ermessen, dass uns die Abbildung 34 auf den ersten Blick skurril erscheint. Nach demselben Prinzip hält das Licht aber auch die Entwicklung eines Menschen in sämtlichen Details fest. In dem von mir abgestrahlten Licht sind alle Ereignisse meines Lebens chronologisch dokumentiert (siehe Abbildung 35).

Die Ewigkeit ist insofern vollkommen, als sie alles umfasst. In ihr ist jeder Vorgang vollendet. Aus unserer Perspektive gibt es eine Zukunft, die wir beeinflussen können, beispielsweise durch unseren freien Willen. In der Ewigkeit hat sich dieser freie Wille bereits erfüllt. Der statische Charakter der Ewigkeit widerspricht nicht der Tatsache, dass wir die Welt dynamisch erleben. Denken Sie nochmals an die DVD oder das Buch! Aus unserer Perspektive erschaffen wir die DVD beziehungsweise das Buch. Das ist ein Vorgang, also etwas Dynamisches. Aus der Lichtperspektive sind alle Vorgänge vollendet. Der Lichtspeicher – der Inhalt der DVD oder des Buches – ist etwas Statisches. Beide Perspektiven sind strikt voneinander zu trennen: Wir *gestalten* die Wirklichkeit, und das Licht *dokumentiert* die Wirklichkeit.

Der Begriff »ewig« steht also mitnichten für einen Vorgang, der unbegrenzt in der Zeit fortdauert. Eine derartige Auffassung von Ewigkeit würde keinen Sinn ergeben, weil *die* Zeit ohnehin nicht existiert. »Ewig« bedeutet vielmehr, dass ein Ereignis nicht mehr zu löschen und darum stets gegenwärtig ist. Ein Beispiel möge uns diesen Zusammenhang erläutern: Wenn Sie jetzt einen geliebten Menschen umarmen, werden Sie ihn nicht ewig festhalten können. Umarmen und gegenseitiges Lieben sind Vorgänge, die spätestens mit dem Tod eines Menschen enden. Das Ereignis jedoch, dass Sie einen Menschen umarmt und geliebt haben, wird zum Bestandteil des Lichts und ist nicht mehr zu löschen. *Nicht der Vorgang des Liebens währt ewig, sondern der Wert Liebe ist ewig.*

Die Lichtperspektive unterscheidet sich so grundlegend von unserer Perspektive, dass ich ihr noch einige Gedanken widmen möchte. Wie kann es sein, dass im Licht alle Ereignisse hier und jetzt sind, obwohl sie doch aus unserer Perspektive an verschiedenen Orten und zu verschiedenen Zeitpunkten stattfinden? Es hängt damit zusammen, dass Raum und Zeit nur relativ sind. Die Wirklichkeit, die sich für uns in

Raum und in Zeit aufspaltet, ist für das Licht ein großes Ganzes. Alles, was wir räumlich oder zeitlich getrennt erleben, präsentiert sich dem Licht als eine Einheit. Nur aus unserer Perspektive hat es den Anschein, als bewege sich das Licht wie ein Teilchen oder eine Welle von der Sonne zur Erde.[90] Aus seiner eigenen Perspektive ist das Licht ein Kontinuum, das weder räumliche noch zeitliche Distanzen kennt. Weil dieses Kontinuum an jedem Ereignis unmittelbar beteiligt ist, sind alle Ereignisse im Licht hier und jetzt.

Das Jetzt ist der Schlüssel, der uns schon bald das Tor zum Sinn öffnen wird. Wenn in der Ewigkeit alles jetzt ist, dann folgt daraus nämlich, dass es zur Ewigkeit weder eine Vergangenheit noch eine Zukunft gibt. Ewigkeit ist Gegenwart pur. *Alle »Jetzts« auf einmal (nicht nacheinander!) ergeben die Ewigkeit.* Indem wir das Jetzt bewusst erleben, können wir erahnen, wie vollendet die Ewigkeit sein muss. Diese Haltung hat einen Namen: Achtsamkeit. Nehmen Sie Blumen und Vögel bewusst wahr, wenn Sie das nächste Mal in der Natur unterwegs sind! Genießen Sie den Augenblick, wenn Sie das nächste Mal einem lachenden Kind begegnen! Erleben Sie mit allen Sinnen »jetzt«, wenn Sie das nächste Mal Zärtlichkeit erfahren dürfen! »Achtsam sein« bedeutet, sich seiner Gefühle, Gedanken und Taten in jedem Augenblick voll und ganz bewusst zu sein – sich also nicht von seinem Verlangen leiten zu lassen. Im Buddhismus ist Achtsamkeit eine wichtige Haltung auf dem Weg zur Erleuchtung. Auch für den deutschen Theologen und Mystiker Meister Eckhart war Achtsamkeit eine hohe Tugend: »Die wichtigste Stunde ist immer die Gegenwart.«[91]

Nach allem Gesagten ist die Ewigkeit keine andere Welt, in die wir mit dem Tod eintauchen könnten. Vielmehr steht sie für das große Ganze, in dem wir uns von Ort zu Ort und von Augenblick zu Augenblick bewegen. Das Ewige ist überall und jederzeit, und wir sind mittendrin. Der deutsche Dichter und Theologe Johann Gottfried Herder hat ein wunderschönes Gedicht zur Ewigkeit verfasst:

»Ein Traum, ein Traum
ist unser Leben auf Erden hier,

wie Schatten auf den Wogen
schweben und schwinden wir,

und messen unsre trägen Tritte
nach Raum und Zeit,

und sind (und wissen's nicht)
in Mitte der Ewigkeit.«[92]

Johann Gottfried Herder

Dass uns die Ewigkeit so fremd ist, liegt an unserem Wesen. Mit unseren materiellen Sinnesorganen können wir die Welt nur als ein Gegenüber und Nacheinander wahrnehmen. Wer sich unter diesen Umständen mit seinem materiellen Körper identifiziert, erfährt sich selbst als ein Subjekt, das getrennt von allen anderen Subjekten existiert. Er ist darauf bedacht, dass es ihm – also seinem Körper – an nichts mangelt, auch wenn andere Subjekte darunter zu leiden haben. Er denkt in erster Linie an sich und versperrt sich somit selbst den Weg

Eine physikalische Realität

zur allumfassenden Perspektive des Lichts. Wer sich hingegen als ein Verb begreift, sieht in seinem Körper ein Werkzeug, um etwas zu erschaffen. Er unterteilt die Welt nicht in getrennt agierende Subjekte, sondern betrachtet sich als Teil eines Ganzen, das sich zu etwas Höherem hin entwickelt. Er gleitet wie eine Welle – im Jetzt. Damit ist er ganz nahe bei dem, was ich als »Gott« bezeichnet habe. Erinnern Sie sich? In meinem Weltbild ist auch Gott ein Verb, nämlich das Geschehen, dass und das ich bin.

Meine Auffassung von Ewigkeit ist nicht bloß im Einklang mit Physik und Mystik, sondern auch mit Religion und moderner Sterbeforschung. Viele Theologen stimmen mir zu, wenn ich Ewigkeit als »Allgegenwart« begreife. Sterbende berichten häufig von einem warmen Licht und einer veränderten Wahrnehmung von Raum und Zeit. Erfahren wir im Sterben etwas über den Sinn im Leben?

Das Wichtigste in Kürze

- Ewigkeit ist die Perspektive des Lichts.
- In der Ewigkeit ist jeder Vorgang vollendet.
- Alle »Jetzts« auf einmal ergeben die Ewigkeit.

Sterben ist das Loslassen
vom Ich

bis zum Aufwachen
in Gott.

Frage 8:
Wozu muss ich sterben?

Nichts kommt so sicher wie der eigene Tod. Jeder weiß um die eigene Endlichkeit, und doch verdrängen viele Menschen das Sterben aus ihrem Leben. Sie verhalten sich oft so, als wären Leben und Sterben zweierlei Vorgänge, die nichts miteinander zu tun hätten. Wer so denkt und irgendwann plötzlich mit dem Tod konfrontiert wird, ist psychisch schnell überfordert und reagiert dementsprechend irrational. Die Ursache für ein solches Verhalten ist fast immer Angst. »Was uns allen zu wünschen ist, ist ein nüchterner und gelassener Blick auf die eigene Endlichkeit«, sagt der Schweizer Palliativmediziner Gian Domenico Borasio.[93]

Als mein Schwiegervater starb, wurde mir erstmals richtig bewusst, dass der Tod endgültig ist. Es ist bemerkenswert, dass ich seinen Tod aus einer Entfernung von 100 Kilometern miterleben durfte. Sterbeforscher sprechen in so einem Fall von einer *empathischen Sterbeerfahrung*. Damals hatte ich mitten in der Nacht einen sehr ungewöhnlichen Traum. Ich hatte das Gefühl, dass mein Bett plötzlich zu schaukeln begann und ich herausgeworfen wurde. Aus dem Fenster erblickte ich oberhalb eines Berges ein riesiges Feuerwerk mit unzähligen, funkelnden Sternen. Darunter erstreckte sich ein wunderschöner, kristallklarer See, an dessen Ufer sich Menschen bewegten, die mir sehr vertraut waren. Ich versuchte, diese Szene mit meiner Digitalkamera festzuhalten, aber sie wollte nicht auslösen. Wenige Minuten später klingelte das

Telefon und meine Frau teilte mir mit, dass soeben ihr Vater gestorben war. Dieses Erlebnis, das ich im ersten Buch meiner Lucy-Trilogie ausführlich beschrieben habe,[94] hat nicht nur meine Einstellung zum Tod positiv verändert, sondern auch mein Verständnis von Wissenschaft. Anders als viele meiner Fachkollegen betrachte ich heute *alles* als möglich, solange es nicht schlüssig widerlegbar ist. Das Erlebnis hat mir eine Wirklichkeit gezeigt, die sich nicht mit dem gegenwärtigen Stand der Naturwissenschaft erklären lässt. Es hat mein Interesse an den Sterbeerfahrungen geweckt und mich dazu bewogen, meine Gedanken anderen Menschen mitzuteilen und offen darüber zu sprechen.

Die nächste Begegnung mit dem Tod ließ leider nicht lange auf sich warten. Zwei Jahre später starb mein eigener Vater nach langer Krankheit. Noch heute bin ich sehr dankbar für die Eingebung, die ich kurz vor seinem Tod hatte, mich bei meinen Eltern für alles zu bedanken, was sie für mich getan hatten. Immer wieder betone ich, wie wichtig es ist, sich anderen mitzuteilen, solange es noch möglich ist. Wie schnell ein geliebter Mensch für immer »weg« sein kann, erfuhr ich nur wenige Tage später, als meine Mutter völlig unerwartet verstarb. Eine Zeit lang tröstete mich die Vorstellung, dass sie womöglich schnell wieder »bei ihm« sein wollte. Natürlich verspürte auch ich den innigen Wunsch, meinen Eltern nochmals begegnen und mit ihnen sprechen zu können – bis zu jenem Tag, an dem mir bewusst wurde, wie belanglos ein solches Gespräch ablaufen würde. Wenn es nämlich zutrifft, dass in der Ewigkeit alles gegenwärtig ist, dann wäre »dort« jede Form von Kommunikation sinnlos. *Was sollte ich denn meinen Eltern noch mitteilen, wenn in der Ewigkeit ohnehin schon alles bekannt ist?* Denken Sie darüber nach! Es lohnt sich. Mögen diese privaten Gedanken Ihnen helfen, Ihre eigene Einstellung zum Tod zu überdenken, sofern Sie diesen Schritt nicht ohnehin schon getan haben.

Wenn wir sterben, laufen im Körper verschiedene physiologische Programme ab, die wir aber erst allmählich beginnen zu verstehen. Alles spricht dafür, dass der Tod in jeder Zelle vorprogrammiert ist. Umso bedenklicher ist es, dass der natürliche Tod in der internationalen Klassifizierung der Diagnosen (ICD-10) überhaupt nicht mehr vorkommt.[95] Wenn ein Mensch stirbt, suchen Schulmediziner zuerst nach einer auslösenden Krankheit. Der »Tod aus Altersschwäche«, wie er früher genannt wurde, ist in der Schulmedizin nicht mehr vorgesehen. Darum überrascht es nicht wirklich, dass Ärzte sich dazu berufen fühlen, »permanent in die Sterbevorgänge ihrer Patienten einzugreifen. Sie wissen nicht und haben es in ihrer Ausbildung nie gelernt, dass es so etwas wie einen natürlichen Sterbeprozess gibt, den man vorbereiten, erkennen und begleiten kann, vor allem aber nicht unnötig stören sollte.«[96]

Dass jedes Lebewesen irgendwann sterben muss, scheint ein unumstößliches Prinzip der Evolution zu sein. Ein räumlich begrenzter Lebensraum (wie unsere Erde) erzwingt den Tod des Einzelnen. Nur so lässt sich die Vielfalt des Lebens von einer Generation zur nächsten steigern, ohne dass es infolge einer Überfüllung zum Kollaps kommt. Wie sinnvoll dieses Prinzip ist, offenbart sich darin, dass wir unser Dasein nicht als winzige Einzeller fristen müssen. Unser leistungsfähiges Gehirn haben wir dem Tod unzähliger tierischer Vorfahren zu verdanken – auch wenn es vielleicht nicht leistungsfähig genug ist, um der Zerstörung unseres kostbaren Lebensraumes Einhalt zu gebieten. So gesehen ist es notwendig, dass wir sterben, damit langfristig noch komplexere Lebewesen entstehen können. Mit diesem Gedanken könnte es leichter fallen zu sterben, wenn unser Lebensraum nur räumlich begrenzt wäre, aber nicht zeitlich. Doch welchen Sinn könnte das Entstehen immer komplexerer Lebewesen haben, wenn die Erde in etwa acht Milliarden Jahren ohnehin in die Sonne hineinstürzen wird? Spätestens dann wird die Evolution auf der Erde abgeschlossen sein, und alle Wesen, die jemals die Erde bevölkert haben, werden gestorben sein.[97] Folglich muss der Sinn der Evolution – also auch der Sinn im Leben, nach dem wir immer noch suchen – etwas mit dem Sterben zu tun haben. Könnte es sein, dass wir alle spätestens beim Sterben etwas Unsterbliches erschaffen?

Es gibt einen Aspekt in Bezug auf das Sterben, den ich für sehr bedeutsam und lehrreich halte, den sich aber kaum jemand wirklich bewusst macht. Was glauben Sie eigentlich, welche Zeitspanne das Sterben umfasst? Nur einen kurzen Augenblick, eine Minute, einen Tag? Nun, aus der Perspektive der Hinterbliebenen mag der Prozess des Sterbens kurz erscheinen. Als die am 11. September 2001 entführten Flugzeuge in das World Trade Center einschlugen, waren die Insassen aus unserer Sicht im Bruchteil einer Sekunde tot. Wir wissen aber bereits, dass Zeit nur relativ ist. Ein Sterbender kann den Ablauf von Zeit also durchaus anders empfinden. Tatsächlich behaupte ich, dass das Sterben für einen Betroffenen wesentlich länger dauert – *es umfasst sogar mehr als sein ganzes Leben!*

Wie komme ich zu dieser gewiss recht ungewöhnlichen Behauptung? Ich berufe mich auf Berichte von Menschen, die dem Tod schon einmal sehr nahegekommen sind. Niemand kann uns authentischer über einen Vorgang informieren, als jemand, der ihn hautnah erlebt hat. Natürlich bin ich mir der Tatsache bewusst, dass Nahtoderfahrungen wissenschaftlich umstritten sind, aber das tut ihrer Aussagekraft keinen Abbruch. Im Gegenteil: Wenn Wissenschaftler ein wiederholt auftretendes Phänomen nicht erklären können, dann spricht das nicht gegen die Existenz dieses Phänomens, sondern für die heutigen Grenzen unseres Wissens.

Was genau ist eine »Nahtoderfahrung«? Darunter verstehen wir ein Phänomen, das auftreten kann (jedoch nicht muss), wenn jemand dem Tod für kurze Zeit sehr nahekommt und sich nach erfolgreicher Reanimation an das Erlebte erinnert. Typische lebensbedrohliche Situationen sind ein Verkehrsunfall oder ein Herzinfarkt, wobei sich nur etwa jeder fünfte solche Patient seiner Erfahrung bewusst wird.[98] Ein kurzzeitiger Herzstillstand ist nicht zwingend für das Auftreten einer Nahtoderfahrung, aber oft die auslösende Ursache. Weil heute immer mehr Menschen infolge der modernen Notfallmedizin einen akuten Herzstillstand überleben, ist die Zahl der Nahtodberichte in jüngster Zeit sprunghaft angestiegen. In den Industriestaaten macht heute bereits jeder zwanzigste Mensch irgendwann im Leben eine Nahtoderfahrung.[99] Vor 50 Jahren sind solche Patienten gestorben, bevor sie ihre Erlebnisse mitteilen konnten.

Während eines Herzstillstands ist ein Patient »klinisch tot«. Der *klinische Tod* ist ein Zustand der Bewusstlosigkeit, der durch eine unzureichende Blutversorgung des Gehirns hervorgerufen wird. Wenn in dieser Situation nicht innerhalb von fünf bis zehn Minuten mit einer Reanimation begonnen wird, kommt es zur irreparablen Schädigung der Gehirnzellen. Vom klinischen Tod sind der *Hirntod* und der *biologische Tod* zu unterscheiden. Der Hirntod ist definiert durch den irreversiblen Funktionsverlust von Großhirn und Hirnstamm. Hierdurch verliert ein Mensch sein Gedächtnis. Der biologische Tod entspricht dem endgültigen Aussetzen aller Organfunktionen.

Doch aus welchen Elementen setzt sich eine Nahtoderfahrung zusammen? Und wie kann ein Mensch während eines Herzstillstands überhaupt noch irgendwelche Erfahrungen machen? Bei der Beantwortung dieser spannenden Fragen kann uns die Sterbeforschung behilflich sein. Zu ihren Pionieren gehören Elisabeth Kübler-Ross mit ihren *Interviews mit Sterbenden*[100] und Raymond Moody mit seinem großen Weltbestseller *Leben nach dem Tod*.[101] Kübler-Ross wollte lernen, wie mit Sterbenden umzugehen sei und welche Hilfe diese sich erhoffen. Zu diesem Zweck interviewte sie viele unheilbar kranke Menschen und sprach sie direkt auf deren Gedanken und Gefühle an. Moody prägte den Begriff *near-death experience* (auf Deutsch: Nahtoderfahrung) und führte erste systematische Untersuchungen zu diesem Phänomen durch. Er beobachtete, dass Nahtoderfahrungen oft ähnliche Elemente enthalten, die aber nur selten alle in derselben Erfahrung vorkommen. Der Sterbeforscher Kenneth Ring fand diese Zerlegung in Elemente zu künstlich und teilte Nahtoderfahrungen in fünf thematische Phasen ein:[102]

Phase 1: Gefühle der Schmerzlosigkeit und des Friedens.
Phase 2: Außerkörperliche Erfahrung.
Phase 3: Flug durch einen Tunnel oder dunklen Raum.
Phase 4: Begegnung mit einem hellen Licht.
Phase 5: Jenseitskontakte, Lebensrückschau.

Die Phasen 1 bis 4 habe ich bereits in einem früheren Buch ausführlich besprochen.[103] Hier werde ich mich auf die Diskussion der Lebensrückschau beschränken, weil ich sie für das entscheidende Element eines jeden Sterbevorgangs halte. Dass nicht jeder Nahtoderfahrene von dieser Rückschau berichtet, liegt vermutlich daran, dass er noch vor Erreichen der Phase 5 wiederbelebt wurde.

Unerwartete Perspektiven

Viele Menschen haben schon von der Lebensrückschau gehört, stellen sie sich aber irrtümlicherweise wie einen Film vor. Doch die Rückschau vergegenwärtigt dem Sterbenden alle Ereignisse des eigenen Lebens in einem Augenblick – aus den Perspektiven aller Lebewesen, die irgendwie daran beteiligt waren. Konkret heißt das: Sie versetzt mich in alle Lebewesen hinein, mit denen ich im Leben zu tun hatte. Ich muss dabei allen Schmerz ertragen, den ich den anderen im Leben zugefügt habe. Dafür wird mir auch alle Liebe zuteil, die ich den anderen im Leben geschenkt habe. Die Vielfalt an Perspektiven macht die Rückschau auf das eigene Leben *zur größten Lernerfahrung*. Sie lässt uns endlich verstehen, wie alles mit allem zusammenhängt.

Auf die Frage, wie Sterbende während eines Herzstillstands noch Erfahrungen machen können, gibt es für mich nur eine schlüssige Antwort: Es handelt sich dabei gar nicht um eine körperliche Wahrnehmung mit materiellen Sinnesorganen, sondern um eine spirituelle Erleuchtung durch das Wissen, das im Licht gespeichert ist. Dass Sterbende oft von einem warmen Licht am Ende eines dunklen Tunnels berichten, ist meines Erachtens kein Zufall, sondern es ist ihr Weg zur Erleuchtung. Die Perspektive des Lichts am Ende des Tunnels ist nichts Geringeres als die Ewigkeit.

Damit Sie sich ein besseres Bild vom Ausmaß der Lebensrückschau machen können, zitiere ich aus einer E-Mail, die ich von Robert, dem Mitarbeiter einer Bank, erhalten habe. Robert hatte mit 57 Jahren einen Herzstillstand gehabt und dabei etwas erlebt, das sein Mitgefühl für andere nachhaltig veränderte: »Als ich nun mit hoher Geschwindigkeit auf das warme Licht zusteuerte, breitete sich plötzlich mein ganzes Leben vor mir aus. Ich sah mich als Neugeborenes aus den Augen meiner Eltern, als Lausbuben aus den Augen meiner Schwester, als jungen Mann aus den Augen meiner Lebenspartnerin und als Bankkaufmann aus den Augen meiner vielen Kunden. Das alles trug sich aber nicht nacheinander zu, sondern zeitgleich. Es war so, als hätte ich viele Augen und Ohren gehabt und als hätte sich die Zeit zwischen diesen Ereignissen in Luft aufgelöst. Es fehlen mir einfach die Worte, um es angemessen zu beschreiben. Ich war überwältigt von den vielen Details aus meinem Leben, denen ich bisher nur wenig Bedeutung beigemessen hatte oder die mir noch ganz unbekannt waren … Als Kind hatte ich oft meine Schwester geneckt, aber mir war nie bewusst geworden, wie hilflos sie sich bisweilen dabei gefühlt hatte. Die größte Schmach und trotzdem die wertvollste Erfahrung war aber das Verstehen, wie ich mit meiner beruflichen Tätigkeit in das Leben vieler Kunden eingegriffen hatte. Ich spürte die Wut einer Familie, die sich mit einer von mir vermittelten Immobilie finanziell übernommen hatte. Ich erkannte, dass mir die eigene Provision oft wichtiger gewesen war als das notwendige Einfühlungsvermögen. Ich bin überaus dankbar für diese Einsicht, weil sie mir noch eine zweite Chance gibt, Dinge in meinem Leben zu verändern. Schon jetzt bin ich viel zufriedener und fröhlicher, wenn ich in den Menschen nicht mehr potenzielle Kunden sehe, sondern Mitmenschen, die mich im Leben begleiten. Es klingt höhnisch, aber nicht das Leben hat mich zu dieser Einsicht geführt, sondern jener kurze Augenblick, in dem ich dem Tod ganz nahe war.«[104]

Wahrscheinlich kennen Sie Robert nicht. Darum wissen Sie auch nicht, ob Sie seinem Bericht glauben sollen oder nicht. Es gibt heute Tausende ähnlicher Berichte, aber die Lebensrückschau wird für Sie solange eine Glaubensfrage bleiben, bis Sie diese irgendwann selbst erfahren dürfen. Dass ich in meinen Büchern immer wieder Berichte von Nahtoderfahrenen zitiere, hat drei Gründe: 1) Ich bin jedes Mal fasziniert, mit welcher Gewissheit diese Menschen über ihre Erlebnisse sprechen; eine solche Gewissheit gibt es in keiner Naturwissenschaft und keiner Religion. 2) Die Lebensrückschau schenkt den Betroffenen etwas, das sie sonst oft vergeblich suchen; sie gibt dem Leben einen Sinn und nimmt ihnen die Angst vor dem Tod.[105] 3) Kein menschliches Rechtssystem kann der Gerechtigkeit, wie sie uns in der Rückschau widerfährt, das Wasser reichen; in ihr offenbart sich eine Macht, die uns Menschen weit überlegen ist.

Doch was hat es mit dieser höchsten Gerechtigkeit auf sich? Menschliche Rechtsprechung kennt Gerechtigkeit lediglich in der Form von Bestrafung. Übliche Maßnahmen zur Vergeltung eines Fehlverhaltens sind Geldstrafen, Freiheitsentzug und in vielen Staaten sogar die Todesstrafe. Sobald wir die Strafe in den Mittelpunkt stellen, tritt der Lerneffekt zurück. Im Extremfall der Todesstrafe versagen wir dem Hingerichteten jede Möglichkeit des Lernens. Dabei hätten wir vermutlich dieselbe Straftat begangen, wenn wir im Körper des Hingerichteten geboren worden und in seinem sozialen Umfeld aufgewachsen wären! Können Sie sich eine Gerechtigkeit vorstellen, die ohne Strafen auskommt? Wohl kaum. Umso faszinierender ist das Konzept der Lebensrückschau: Sie bestraft nicht, sondern sie lehrt. Wir alle machen Fehler. Indem ich die Auswirkungen zu spüren bekomme, die mein Leben auf andere gehabt hat, lerne ich aus meinen Fehlern. Dass ich meine Fehler im Tod nicht mehr korrigieren kann, ist nicht weiter tragisch, denn letztendlich geht es weder um Wiedergutmachung noch um Vergeltung, sondern um Liebe und Erkenntnis. *Die Ewigkeit ist fehlerfrei, wenn jeder beim Sterben aus seinen Fehlern lernt.*

Machen wir uns doch diese Erkenntnis zunutze! Verwenden Sie Ihr Wissen über die Lebensrückschau, um zukünftig aus jeder schwierigen Situation das Beste zu machen, indem Sie sich fragen: »Wie möchte ich diese Szene am liebsten in der Lebensrückschau sehen? Will ich dann den Schmerz spüren, den ich meinem Gegenüber zugefügt habe? Oder doch eher die Liebe, die ich ihm geschenkt habe?« Sobald Sie das ein paar Mal bewusst getan haben, werden Sie sich bald instinktiv für die bestmögliche Reaktion entscheiden. Das Sterben ist der wichtigste Abschnitt Ihres Lebens. Verdrängen Sie es nicht bis an Ihr Lebensende!

Nun frage ich Sie nochmals: Was glauben Sie, welche Zeitspanne das Sterben umfasst? Nehmen wir an, jemand stirbt im Alter von 80 Jahren. Wenn er nun in der Rückschau sein ganzes Leben noch einmal erlebt, umfasst das Sterben aus seiner Sicht mindestens 80 Jahre! Tatsächlich sind es mehr als 80 Jahre, weil er sein Leben auch noch aus vielen anderen Perspektiven erlebt. Bitte machen Sie sich frei von der Vorstellung, am Ende des Lebens werde »nur« noch gestorben. Sterben ist der krönende Abschluss eines jeden Lebens, selbst wenn der Tod unerwartet kommt. Für den deutschen Mystiker Willigis Jäger ist das Sterben ein großer Gewinn: »Wir verlieren nicht etwas im Sterben, wir gewinnen etwas, wir gewinnen das ganze Universum zurück, das hinter unserem Ich verborgen liegt. Oder, um es mit religiösen Worten zu sagen, wir gewinnen Gott ganz zurück – unverstellt vom Ich.«[106]

Weil dem Sterben eine so große Bedeutung zukommt, leistet die moderne Hospizbewegung eine sinnvolle Arbeit. Sie verschafft dem Sterben endlich den Stellenwert, den es verdient. Erst wenn wir begreifen, wie wertvoll ein Sterben in Würde ist, kann in unserer Gesellschaft ein Umdenken stattfinden: von Schnelllebigkeit hin zu Nachhaltigkeit, und von einem Gegeneinander hin zu einem Füreinander. Der deutsche Psychotherapeut Martin Fegg führte im Jahr 2008 eine Studie über die Wertvorstellungen von Sterbenden durch.[107] Dabei verwendete er einen Fragebogen, der an über 20 000 Menschen auf der ganzen Welt getestet wurde – mit einem erstaunlichen Ergebnis: Menschen, die den Tod unmittelbar vor Augen haben, entdecken für sich den Wert der anderen. Selbstbezogene Werte (Macht, Genuss und Selbstverwirklichung) verlieren an Bedeutung zugunsten von altruistischen Werten (soziales Engagement und Naturbewusstsein).

Weshalb tun wir uns so schwer mit dem Sterben? Weil wir nicht akzeptieren wollen, dass das Leben endlich ist! Doch der Kampf gegen den Tod ist unproduktiv. Langfristig kann das Ich diesen Kampf nur verlieren. Was die meisten Menschen nicht wissen, ist, dass diese Erkenntnis der Schlüssel ist, um die Angst vor dem Tod zu besiegen: Weil mein Ich im Kampf gegen den Tod verlieren muss, sollte ich es nicht als meinen höchsten Wert betrachten. Und wenn ich das Ich nicht als meinen höchsten Wert betrachte, kann ich es auch getrost loslassen – wenn es soweit ist.

Das Wichtigste in Kürze

- Sterben umfasst mehr als Leben.
- Sterben ist die größte Lernerfahrung.
- Die Angst vor dem Sterben ist besiegbar.

Frage 9:
Was bleibt, wenn ich tot bin?

»Was sagt die Physik über die Möglichkeit einer postmortalen Existenz?« Über dieses Thema sollte ich im März 2012 während eines Fachgesprächs der katholischen Kirche referieren. Die Tagung fand im Exerzitienhaus *Himmelspforten* der Diözese Würzburg statt. Teilgenommen haben Vertreter der Neurowissenschaft, der Physik, der Philosophie und der Theologie. Es war der allerkürzeste Vortrag, den ich jemals gehalten habe.

+ + + + +

Was sagt die Physik über die Möglichkeit einer postmortalen Existenz?
Markolf H. Niemz
Universität Heidelberg

»Nichts! Warum nicht?
Weil sich die Physik
weder mit dem Leben
noch mit dem Tod befasst.
Ich danke für Ihre Aufmerksamkeit.«
Ende des Vortrags.

+ + + + +

Alles, was ich in den sich anschließenden 60 Minuten sagte, waren im Grunde nur noch Anmerkungen. Es waren die Gedanken eines Physikers zu der reizvollen Frage »Was bleibt, wenn ich tot bin?«

Die Physik befasst sich weder mit dem Leben noch mit dem Tod, aber sie offenbart, dass die Naturgesetze einfach strukturiert sind und keine Ausnahmen zulassen. Dieses Konzept blieb auch dem britischen Philosophen und Theologen Wilhelm von Ockham nicht verborgen. Nach ihm ist ein äußerst wirkungsvolles Prinzip benannt, das heute einen Grundpfeiler der Wissenschaftstheorie bildet: *Ockhams Rasiermesser.* Es besagt, dass von zwei Erklärungen zu einem Sachverhalt diejenige vorzuziehen ist, die mit weniger Grundannahmen auskommt. Überflüssige Annahmen werden wie mit einem Rasiermesser »abgeschnitten«. In diesem Kapitel werde ich ein solches Prinzip anwenden, um zu ergründen, was es mit dem Tod auf sich hat.

Erst wenn ich eine Vorstellung vom Ich habe, kann ich spekulieren, was bleibt, wenn es tot ist. Deswegen habe ich das erste Kapitel in diesem Buch dem Ich gewidmet. Darin habe ich das Ich als ein »Fühlen und Lernen« bezeichnet. Also ist es auf einen Körper angewiesen, mit dem sich etwas fühlen und lernen lässt. Hieraus folgt unmittelbar: *Mit seinem Körper stirbt das Ich.*

Viele Menschen wünschen sich, dass das Ich nach dem Tod weiterexistieren möge. Auch ich glaubte viele Jahre an ein »Leben nach dem Tod«, bis ich erkannte, wie widersprüchlich diese Redefloskel ist. Zwei Fragen verdeutlichen diesen Widerspruch: 1) Wie kann der Tod dem Leben ein Ende setzen, wenn das Leben danach weiterginge? 2) Wozu habe ich einen Körper, wenn ich auch ohne ihn existieren könnte? Es ist vor allem die zweite Frage, die dazu geführt hat, dass ich nicht mehr an das unsterbliche Ich glaube. Natürlich könnte die Schöpfung so konzipiert sein, dass wir alle zunächst mit einem Körper ausgestattet werden, um uns aufgrund unserer Taten für das »Himmelreich« oder für die »Hölle« zu qualifizieren. Widerlegen kann ich diese überlieferte Vorstellung nicht, aber den »richtenden Gott« halte ich für eine menschliche Konstruktion. Was wäre das für ein gemeiner Gott, der uns erschafft, um uns anschließend auf die Probe zu stellen und nötigenfalls zu bestrafen? Vor zweitausend Jahren mag diese Vorstellung geholfen haben, die Menschheit zu einem moralischen Verhalten anzuspornen. Doch heute zieht diese Taktik nicht mehr, weil wir inzwischen gelernt haben, Dogmen zu hinterfragen. Das ist auch gut so! *Kritisches Hinterfragen ist der direkte Weg zur Wahrheit.*

Der Tod beendet das Leben, aber er macht es nicht zunichte. Was erlebt worden ist, lässt sich nicht ungeschehen machen. Aus einem sterblichen Ich lässt sich also nicht folgern, dass nach dem Tod gar nichts mehr ist. Es könnte nämlich etwas anderes unsterblich sein – die Seele! Viele Nahtoderfahrene bezeichnen *Liebe* und *Erkenntnis* als die wichtigsten Werte im Leben.[108] Deshalb setze ich die Seele eines Lebewesens mit der von ihm erschaffenen Liebe und Erkenntnis gleich. Dadurch wird die Seele für mich zum wertvollsten Bestandteil eines Lebewesens.

Eine Seele, die aus Liebe und Erkenntnis besteht, ist immateriell. Folglich könnte sie einen Weg einschlagen, der dem materiellen Körper aufgrund seiner Masse verwehrt ist: Die Seele könnte beim Sterben ins Licht eintauchen. Beweisen kann ich weder die Existenz einer solchen Seele noch ihren Weg ins Licht, aber es gibt Hinweise darauf, dass diese Annahmen nicht aus der Luft gegriffen sind. Sterbende berichten oft von dem Gefühl, auf ein warmes Licht zuzusteuern und sich dabei aufzulösen: »Ich näherte mich immer mehr dem Licht ... Ich war nicht mehr Person, sondern eher wie ein theoretisches Ergebnis meines Lebens, nur noch meine Taten und Erlebnisse machten mich aus. Ich war nicht mehr ein Ich, sondern nur noch so etwas wie eine Essenz.«[109] Das Zusteuern auf ein Licht lässt sich sogar physikalisch deuten. Bei einer Bewegung mit Fast-Lichtgeschwindigkeit kommt es zum sogenannten *Searchlight-Effekt:* Aus der Perspektive des bewegten Objekts wird alles Licht aus seiner Umgebung so gebündelt, dass es wie bei einem Scheinwerfer aus einer Richtung strahlt. Je schneller sich das Objekt bewegt, umso größer und heller erscheint das Scheinwerferlicht. Bei einer Bewegung mit 100 Prozent Lichtgeschwindigkeit taucht das Objekt ins Licht ein.[110] Es wird erleuchtet!

Doch damit nicht genug. Aus allen Weltreligionen lässt sich herauslesen, dass der Tod nicht das Ende von allem ist und dass das Licht der Weg zu Gott ist. Meine Theorie vom Eintauchen der Seele ins Licht führt aber immer wieder zu kontroversen Diskussionen. Häufig wird mir vorgehalten, dass sich etwas Masseloses stets mit Lichtgeschwindigkeit bewegen müsse, aber das ist so nicht korrekt. Richtig ist, dass wir bisher keine masselosen Objekte beobachtet haben, die sich langsamer als mit Lichtgeschwindigkeit bewegen. Daraus lässt sich jedoch keineswegs schließen, dass solche Objekte nicht existieren könnten.

Wesentlich schlagkräftiger ist ein anderes Argument gegen meine Theorie: Wie kann eine masselose Seele fühlen, dass sie auf ein warmes Licht zusteuert? Ohne Augen könnte sie doch überhaupt kein Licht sehen. Wie ich bereits im letzten Kapitel erläutert habe, handelt es sich hierbei wohl nicht um eine körperliche Wahrnehmung, sondern um eine spirituelle Erleuchtung durch das Wissen, das im Licht gespeichert ist.

Die Seele selbst fühlt also nichts. Fühlen kann lediglich das Ich mit seinem Körper. Und davon macht es noch reichlich Gebrauch, während es stirbt. Es erlebt, wie sein wertvollster Bestandteil ins Licht eintaucht.

Es gibt noch einen triftigen Grund, weshalb ich an die Existenz einer immateriellen Seele glaube. Viele Forscher haben sich bereits bemüht, die Seele im Körper aufzuspüren. Doch alle Versuche, der Seele eine bestimmte Masse zuzuordnen, sind bisher fehlgeschlagen. Auch die im Jahr 1907 von dem amerikanischen Arzt Duncan MacDougall gemessenen Gewichtsverluste bei sterbenden Patienten konnten nie verifiziert werden. MacDougall hatte damals behauptet, dass die Seele etwa 21 Gramm wiege.[111] Mit der Annahme, dass die Seele aus Liebe und Erkenntnis besteht, ließe sich erklären, weshalb es nicht gelingt, sie zu lokalisieren. Nur materielle Objekte wie Herz oder Gehirn lassen sich in Raum und Zeit dingfest machen (siehe Abbildung 36). Immaterielle Objekte wie Seele und Licht transzendieren Raum und Zeit.

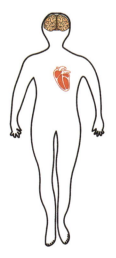
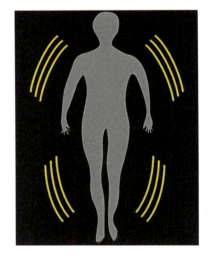

Abb. 36: Körper und Seele

Eine Seele, die aus Liebe und Erkenntnis besteht, kann weder fühlen, noch lernen, noch sonst irgendetwas tun. Genau dazu braucht sie nämlich einen Körper. Alles benötigt einen Körper, um irgendwie tätig sein zu können, also auch Gott! Doch wo ist der Körper Gottes? Entdecken Sie ihn? Gottes Körper begegnet uns in allem, was lebt: in jeder Pflanze, in jedem Tier und in jedem Menschen.

Nun wird verständlich, weshalb ich im Kapitel *Spurensuche* die Bilanz dessen, was im Tod bleibt, als »verblüffend« bezeichnet habe: Für mich gibt es kein Leben nach dem Tod, und dennoch endet das Leben nicht mit meinem Tod. Wenn ich tot bin, existiere ich als Ausformung Gottes nicht mehr, aber es werden noch viele andere Lebewesen existieren und entstehen. In jedem dieser Geschöpfe lebt Gott weiter, nicht ich. *Nicht ich bin unsterblich, sondern Gott.* Wer das einmal akzeptiert hat, kann dem Tod gelassen entgegen sehen. Das Sterben gehört zum Leben wie der Abend zum Tag. Sobald ein Abend zu Ende geht, beginnt ein neuer Tag – mit einem neuen Abend.

Das Hauptproblem bei der Diskussion über ein Leben nach dem Tod besteht darin, dass das Ich in unserer heutigen Zeit einen viel zu hohen Stellenwert bekommen hat. Wichtigster Auslöser hierfür ist ein Modetrend mit dem Namen »Selbstverwirklichung«. Wer sich selbst die allerhöchste Priorität gibt, für den ist der Tod die größte Katastrophe – vor allem dann, wenn der eigene Tod »zu früh« kommt. Doch der Tod kennt weder »früh« noch »spät«. Er tritt nicht erst dann ein, wenn jemand seine Selbstverwirklichung abgeschlossen hat, sondern wenn lebenswichtige Organe ihre Funktion einstellen. Ursachen hierfür sind Naturgesetze, aber auch Zufälle. Wer den Sinn im Leben darin sieht, sich selbst zu verwirklichen, fällt auf einen Selbstbezug herein, den wir in diesem Buch bereits mehrfach als eine Stolperfalle enttarnt haben: Wie könnte ich mich selbst verwirklichen, wenn ich schon wirklich bin? Ich kann einen Traum oder ein Ziel verwirklichen, also etwas, das noch nicht real ist. Doch der Wunsch nach Selbstverwirklichung ist ein Eingeständnis dafür, dass das Ich noch nicht wirklich ist – eine äußerst unbefriedigende Auffassung vom Ich. Ist es nicht viel sinnvoller, das Ich als ein Fühlen und Lernen zu begreifen? Ein Ich, das wirkt und nicht erst wirklich werden muss? Oft geht die vermeintliche Verwirklichung des Selbst auf Kosten anderer. Immer wieder müssen Kinder mit nur einem Elternteil aufwachsen, weil jemand sich selbst wichtiger ist als seine Familie. Und immer wieder muss unsere Umwelt leiden, weil jemand sich selbst höher bewertet als die Natur. Die Überbewertung des Ichs führt nicht nur zu politischen, finanziellen und ökologischen Krisen, sondern auch zur Angst vor dem Tod.

Viele Menschen glauben an die vollkommene Ewigkeit und hoffen zugleich auf eine Fortsetzung ihres Lebens nach dem Tod. Dabei erkennen sie nicht, dass sich diese beiden Wünsche gegenseitig ausschließen. Weil das Vollkommene nicht mehr verbessert werden kann, erlaubt es keine Entwicklung mehr – folglich auch keine Fortsetzung des eigenen Lebens nach dem Tod. Manche Pfarrer stellen bei Bestattungen ein »Wiedersehen« mit dem Verstorbenen in Aussicht, um den Angehörigen Trost zu spenden. Andere Pfarrer geben dieses Versprechen bewusst nicht, weil sie keine Hoffnungen wecken wollen, die sich später womöglich als falsch erweisen. Die Ewigkeit ist eben keine Verlängerung von Zeit, die uns ein Wiedersehen mit Verstorbenen bescheren könnte. Es ist die Endlichkeit des Lebens, die den Augenblick so wertvoll macht. *Carpe diem* – pflücke den Tag!

Widerspreche ich damit dem Auferstehungsgedanken in der christlichen Lehre? Meine Antwort ist: nein! Auch ich glaube an die Auferstehung, aber an die Auferstehung der Seele und nicht an die des Ichs. Den Begriff des »ewigen Lebens« bringe ich mit der Unsterblichkeit von Gottes Schöpfung in Verbindung und nicht mit der Unsterblichkeit des Ichs. Im apostolischen Glaubensbekenntnis heißt es wörtlich:[112] »Ich glaube an *das* ewige Leben.« Es ist keine Rede davon, dass *mein* Leben ewig sei. Mit anderen Worten: Für mich gibt es kein Leben nach dem Tod, aber nach meinem Tod ist noch Leben – vorausgesetzt, die Menschheit macht die kosmische Perle namens Erde nicht unbewohnbar. Doch auch in einem solchen Szenario wird das Leben irgendwo im grenzenlosen Universum weitergehen. Leben wird es immer geben – und genau das ist mit »ewigem Leben« gemeint. Das Leben, das ich hier und jetzt führe, wird ein Bestandteil des Lichts und geht als solches in die Ewigkeit ein. Somit findet das ewige Leben nicht nach dem Tod statt, sondern hier und jetzt. Der Mystiker Willigis Jäger formuliert es so: »Ewig ist nicht die individuelle Form, sondern nur das Leben.«[113]

Den größten Nährboden für die Legende von einem »Leben nach dem Tod« bilden Berichte von Begegnungen mit Verstorbenen und Wiedergeburten. Selbstverständlich lässt sich die Begegnung mit einem schon längst verstorbenen Opa so deuten, dass jener in einer »jenseitigen Welt« weiterexistiere. Doch damit müssen wir bereits zwei Annahmen machen, die auf sehr wackeligen Füßen stehen: 1) Es gibt zusätzlich zum Diesseits ein Jenseits. 2) Ich kann ohne meinen Körper existieren. Mit den Wiedergeburten verhält es sich ähnlich. Hierfür sind zwei weitere Annahmen erforderlich, für die es aus naturwissenschaftlicher Sicht keine Anhaltspunkte gibt: 3) Ich kann mehrfach das Licht dieser

Welt erblicken. 4) Es existiert ein »Pool« von Ichs, aus dem ein neues Lebewesen sein Ich bezieht. Die Liste der zusätzlichen Annahmen ließe sich noch erweitern. An genau dieser Stelle greift Ockhams Rasiermesser. Nach Ockham sind alle Annahmen abzulehnen, die nicht zwingend notwendig sind, um ein bestimmtes Phänomen zu verstehen.

Ich behaupte, dass sich Wiedergeburten und Begegnungen mit Verstorbenen viel einfacher verstehen lassen – nämlich mit nur *einer* Grundannahme für *beide* Phänomene statt den eben genannten vier Annahmen. Die Grundannahme lautet: *Sobald jemand stirbt, taucht seine Seele ins Licht.* Demnach fungiert das Licht als ein Speicher für die Seele. Wenn nun jemand Zugriff auf den Speicher hat, werden ihm die Liebe und die Erkenntnis von Verstorbenen zuteil, was er irrtümlicherweise als einen Kontakt mit Verstorbenen interpretiert. Womöglich erfährt er sogar so viele Details aus dem Leben einer verstorbenen Person, dass er sich mit ihr identifiziert und behauptet, wiedergeboren worden zu sein. Der Wunsch nach einem »Leben nach dem Tod« wird also ein Opfer von Ockhams Rasiermesser. Zu beachten ist, dass dieses Prinzip nicht dazu taugt, eine bestehende Theorie zu beweisen oder zu widerlegen. Es ist lediglich ein Kriterium für die Güte einer Theorie. Wer es möchte, kann folglich weiterhin an sein Weiterleben nach dem Tod glauben, auch wenn es aufgrund der vielen Annahmen wenig wahrscheinlich ist.

Wir Menschen denken darüber nach, ob es ein Leben *nach* dem Tod gibt, aber nur selten machen wir uns bewusst, wie wertvoll das Leben *vor* dem Tod ist. Gehen wir achtsam mit den wunderbaren Möglichkeiten um, die uns das Leben bietet? Genießen wir den Augenblick, in dem wir etwas fühlen oder etwas lernen dürfen? Ein bewusst erlebter Augenblick kann viel wertvoller sein als zehn dahin plätschernde Jahre.

Wir tun gut daran, stets im Hier und Jetzt zu leben, statt uns dauernd um die Zukunft zu sorgen oder der Vergangenheit nachzuhängen. Natürlich können wir schöne Ereignisse mit unzähligen Fotos und Videos festhalten oder uns ein großes Denkmal setzen, doch materielle Werte sind stets flüchtig. Worauf es im Leben wirklich ankommt, wissen wir oft erst dann, wenn wir dem Tod nahekommen. Nicht ohne Grund steht im Koran: »Die Menschen schlafen, solange sie leben. Erst wenn sie sterben, erwachen sie.«[114]

Damit komme ich zurück auf das Fachgespräch der katholischen Kirche in Würzburg. Die Leitthese der Hirnforscher lautete: »Ohne Hirn ist alles nichts.« Ich halte sie für falsch. Pflanzen leben – auch ohne Gehirn. Der Apfelbaum in unserem Garten hat sogar ein Gedächtnis: Er blüht nur in jedem zweiten Jahr. Die Theologen sprachen davon, dass wir auch nach dem Tod bei Gott »wohnen« könnten und dass dieses »Wohnen« nicht etwas Zeitliches sei. Raum und Zeit lassen sich aber nur zusammen denken. Raum existiert nicht ohne Zeit – und Zeit nicht ohne Raum. Eine nicht zeitliche Ewigkeit wäre folglich auch nicht räumlich. Welche Konsequenz hätte das? Erinnern Sie sich an meine Definition von Raum: Raum ist, was verhindert, dass wir alle eins sind. In so einer Ewigkeit könnten wir gar nicht »bei« Gott wohnen, weil wir alle eins wären. Ewigkeit ist nicht die Aufhebung von Raum und Zeit, sondern sie umfasst allen Raum und alle Zeit. Ein »Wohnen bei Gott« ist das Leben – nicht der Tod.

Besonders abwegig ist die vom amerikanischen Philosophen Peter van Inwagen aufgestellte *Body-Snatch-Theorie*,[115] um das Konzept der Auferstehung des Leibes zu retten, an dem immer noch viele christliche Theologen festhalten. Danach bringt Gott den menschlichen Körper im Moment des Todes auf unsichtbare Weise in Sicherheit, damit dieser unversehrt auferstehen kann. Für die Angehörigen wird der Körper unbemerkt durch einen Leichnam ersetzt, der begraben werden darf, ohne dadurch die Auferstehung zu gefährden. Ich frage mich, was das für ein Gott sein soll, der uns kurz wegschauen lässt, damit eine Auferstehung möglich wird. Hier ist der Bezug zur Realität völlig verloren gegangen. Auferstehung sollte heute im Kontext moderner Naturwissenschaft interpretiert werden und nicht mehr mit dem Wissenshorizont von Menschen, die vor 2000 Jahren gelebt haben. Ockhams Rasiermesser spricht eindeutig gegen die überflüssigen Annahmen der Body-Snatch-Theorie.

Ich glaube weder an eine Auferstehung des Leibes noch an eine Auferstehung des Ichs. In beiden Fällen würde nämlich der Wert des Lebens, das wir hier und jetzt führen dürfen, erheblich geschmälert werden. Ich bin ein Fühlen und Lernen, und genau dazu habe ich einen Körper. Wenn ich tot bin, ist mein ganzes Leben im Licht dokumentiert – zusammen mit den höchsten Werten, die ich im Leben erschaffen habe: mit meiner Liebe und meiner Erkenntnis. Damit sind wir bei der Frage aller Fragen: Was ist der Sinn im Leben?

Das Wichtigste in Kürze

- Mit seinem Körper stirbt das Ich.
- Der Tod macht das Leben nicht zunichte.
- Unsterblich sind die Liebe und die Erkenntnis.

»Das Ganze ist mehr als die Summe seiner Teile.«

Aristoteles

Frage 10:
Was ist der Sinn im Leben?

Möchten Sie dieses Buch einmal aus meiner Perspektive kennenlernen? Aus der des Autors? Dazu müssen Sie nur die Zeit ein wenig zurückdrehen. Heute ist Sonntag, der 13. Januar 2013. Nach gut einem Jahr intensiven Schreibens bin ich endlich bei dem Kapitel angekommen, das Sie gerade lesen und auf das mein Buch zusteuert. Soeben habe ich die einleitende Abbildung für dieses Kapitel entworfen und mich entschieden, sie dem Verlag als Buchcover vorzuschlagen. Unser bunter Planet schwebt lautlos im Weltraum. Diese kosmische Perle ist der einzige Lebensraum, den wir haben. Sie ist riesig und wunderschön, aber doch kraftvoller als die gesamte Menschheit. Wir sind ein Teil der Evolution und werden nur dann nicht frühzeitig aussterben, wenn wir rechtzeitig erkennen, wie eines zum anderen passt.

Alexandra, die ihr Leben mit meinem teilt, liest gerade, was ich über die Seele schreibe. Ihr Kommentar: »Dein Seelenbegriff verknüpft das Emotionale mit dem Rationalen.« Sie hat recht, geht es mir durch den Kopf. Das ist es! Mit Herz oder Verstand allein lässt sich der Sinn im Leben nicht finden. Sobald wir aber beides einsetzen, liegt er uns zu Füßen. An dieser Stelle ein ganz, ganz dickes Dankeschön an dich, liebste Alex, für dein Feingefühl und dein Verständnis. So ein Dank mitten im Buch ist ungewöhnlich, aber wertvoller als ein Dank unter vielen Namen am Ende eines Buches. Er ist vergleichbar mit dem Dank eines Sängers, der sich während des Konzerts bei seinen Musikern namentlich bedankt und nicht danach. Auch mein Angebot an Sie, liebe Leserin oder lieber Leser, sich an dieser Stelle in meine Perspektive zu versetzen, ist ungewöhnlich. Wir haben in diesem Buch mehrfach über die Bedeutung von Perspektiven gesprochen. Ein häufiger Wechsel der Perspektive ist wichtig, wenn Sie einen Sachverhalt möglichst objektiv beurteilen wollen. Das gilt insbesondere auch für den Sinn im Leben. Das Leben ist viel zu komplex, als dass sich sein Sinn aus einer einzelnen Perspektive erschließen ließe.

Der Inhalt dieses Buches ist die Quintessenz aus zahlreichen Gesprächen und Briefwechseln, die ich mit anderen Sinnsuchern geführt habe. Jetzt locke ich Sie aus Ihrer Perspektive heraus. Nutzen Sie die Chancen, die Ihnen das Leben bietet, um es zu begreifen! Indem Sie sich in die Perspektive einer Schnecke versetzen, die vor Ihren Augen eine große Straße überqueren will. Oder indem Sie sich in die Perspektive eines Kindes versetzen, das lernen möchte, aber keine Schule besuchen kann, weil sein Land zu arm ist. Eines Tages werden die Schnecke und das Kind Ihnen danken für die zuteilgewordene Liebe und das zuteilgewordene Wissen. Spätestens während der Lebensrückschau dürfen Sie diesen Dank entgegennehmen.

Erinnern Sie sich noch, wie ich uns als kleine Babys charakterisierte? Wir alle werden liebeshungrig und wissensdurstig geboren. Nun schließt sich dieser Kreis. Als Babys strebten wir schon instinktiv nach Liebe und Erkenntnis, aber je älter wir wurden, umso mehr verloren wir diese beiden Werte aus unseren Augen. Indem wir sensibel werden für Zusammenhänge, können wir den Wert der Liebe und den Wert der Erkenntnis wiederentdecken. Der größte Zusammenhang des Lebens besteht einfach darin, dass jeder von uns ein Produkt

Werden Sie fündig!

der Evolution ist und wir deshalb alle miteinander verwandt sind. Wenn wir nun nach dem Sinn im Leben fragen, dürfte dieser Zusammenhang von höchster Bedeutung sein. Wieder möge uns die Sprache als Beispiel dienen: Wie könnten wir dem Sinn von Sprache auf die Spur kommen, wenn wir dem Zusammenhang der einzelnen Wörter keine Bedeutung beimessen? In der Sprache ist der Zusammenhang durch die Grammatik geregelt. Sie sorgt dafür, dass aus vielen aneinander gereihten Wörtern ein sinnvoller Text entsteht. Ob es sich mit dem Sinn im Leben ähnlich verhält? Auch das Leben könnte einer Regel folgen, die aus vielen Lebensläufen nebeneinander und nacheinander – also in Raum und Zeit – etwas Sinnvolles entstehen lässt. Doch welche Regel könnte das sein? Was ist es, das uns in Raum und Zeit miteinander verbindet, das heißt, auch mit jener Schnecke, die eine große Straße überqueren will?

Die Regel, von der ich hier spreche, ist der *genetische Code.* Er bewirkt, dass alle Lebewesen miteinander verwandt sind, auch wenn diese Verwandtschaft nicht über die Blutgruppe nachweisbar ist. Was ist das für ein elementarer Code, und woher kommt er? Der genetische Code ist eine Regel, nach der die in unserer Erbsubstanz enthaltenen Informationen in sogenannte *Aminosäuren* übersetzt werden. Mehrere solcher Aminosäuren bilden ein *Protein,* den Grundbaustein unserer Zellen. Die Informationen bestehen aus nur vier verschiedenen *Nukleobasen* mit den Anfangsbuchstaben A, C, G und U (siehe Abbildung 37). Jeweils drei solcher Informationen codieren eine Aminosäure. Beispielsweise steht die Sequenz GCA für die Aminosäure mit dem Namen *Alanin,* und CUA codiert die Aminosäure *Leucin.* Insgesamt könnten auf diese Weise 4 mal 4 mal 4 (also 64) verschiedene Aminosäuren codiert werden. Tatsächlich sind es aber nur 20 Aminosäuren und drei Stopp-Signale, die das Ende der Übersetzung ankündigen.[116]

Alanin	GCA, GCC, GCG, GCU
Arginin	AGA, AGG, CGA, CGC, CGG, CGU
Asparagin	AAC, AAU
Asparaginsäure	GAC, GAU
Cystein	UGC, UGU
Glutamin	CAA, CAG
Glutaminsäure	GAA, GAG
Glycin	GGA, GGC, GGG, GGU
Histidin	CAC, CAU
Isoleucin	AUA, AUC, AUU
Leucin	CUA, CUC, CUG, CUU, UUA, UUG
Lysin	AAA, AAG
Methionin	AUG
Phenylalanin	UUC, UUU
Prolin	CCA, CCC, CCG, CCU
Serin	AGC, AGU, UCA, UCC, UCG, UCU
Threonin	ACA, ACC, ACG, ACU
Tryptophan	UGG
Tyrosin	UAC, UAU
Valin	GUA, GUC, GUG, GUU
Stopp-Signal	UAA, UAG, UGA

Abb. 37: Der genetische Code

Es ist bemerkenswert, dass alle Lebewesen bis auf wenige Ausnahmen denselben genetischen Code verwenden. Wahrscheinlich wurde er sehr früh in der Evolution ausgestaltet und dann an alle sich entwickelnden Arten weitergegeben. Die wenigen Abweichungen bei einzelnen Arten deuten allerdings darauf hin, dass der Code kein Naturgesetz ist. Ein Naturgesetz würde keine Ausnahmen zulassen. Der genetische Code ist somit *entstanden*. Der britische Physiker und Biochemiker Francis Crick bezeichnete ihn noch als »eingefrorenen Zufall«,[117] doch jüngere Studien lassen vermuten, dass der Code das Resultat einer Optimierung ist: Der Code, der sich im Verlauf der Evolution durchgesetzt hat, zeichnet sich durch extrem wenige Übertragungsfehler aus.[118] Demnach ist Leben kein Zufallsprodukt, sondern die Folge eines Extremalprinzips.

Wie wir bereits erkannt haben, sind auch der freie Fall eines Apfels, die Struktur eines Eiskristalls und die Ausbreitung von Licht Folgen dieses Prinzips. Ist das nicht merkwürdig? Wie kommt die Natur dazu, Extremalprinzipien anzuwenden? Weshalb begnügt sie sich nicht mit einem genetischen Code, der viele Übertragungsfehler zulässt und dadurch der Evolution frühzeitig ein Ende setzt? Meine Antwort lautet: Weil Optimierung ein Prinzip ist, das nach etwas Höherem strebt. Fallende Äpfel, Eiskristalle, das Licht und der genetische Code belegen, dass der Natur ein *Konzept* zugrunde liegt. Ein Konzept ist nichts anderes als ein Plan zur Realisierung von etwas. Ich gehe fest davon aus, dass das Leben ein wichtiger Bestandteil dieses Planes ist. Schließlich folgt auch die Evolution einem Extremalprinzip: Die Art, die sich am besten an ihre Umgebung anpassen kann, verschafft sich einen Vorteil im Überlebenskampf.

Da entsteht also auf einem räumlich und zeitlich begrenzten Planeten in einem grenzenlosen Universum ein genetischer Code, der fast fehlerfrei an die Nachkommen weitergegeben wird und die Vielfalt des Lebens ermöglicht. Wozu? Naturwissenschaft allein kann diese spannende Frage nicht beantworten, aber die Natur liefert uns viele wertvolle Hinweise: Was treibt Atome an, sich zu Molekülen zu verbinden? Was treibt Moleküle an, sich zu Zellen zu verbinden? Was treibt Zellen an, sich zu Organismen zu verbinden? Überall in der Natur finden wir die Bereitschaft, sich zu etwas Höherem zu verbinden. Die einzige Kraft, die so viel Verbundenheit zustande bringen kann, ist die Liebe. Sie ist die »Urquelle des Kosmos«[119] und zugleich seine treibende Kraft, auch wenn sie sich jeder physikalischen Messung entzieht.

Liebe treibt an, das heißt, sie motiviert. Aber wozu? Wozu verbinden sich Atome zu Molekülen? Wozu verbinden sich Moleküle zu Zellen? Wozu verbinden sich Zellen zu Organismen? Vielleicht fällt uns die Antwort leichter, wenn wir diese Frage auf den Menschen beziehen: Wozu verschmilzt eine Samenzelle mit einer Eizelle? Was zeichnet miteinander verschmolzene Zellen gegenüber einzelnen Zellen aus? Ein einziger Satz des griechischen Philosophen Aristoteles beantwortet alle diese Fragen. Ein wenig gekürzt lautet er: »Das Ganze ist mehr als die Summe seiner Teile.«[120]

Was miteinander verbunden ist, bietet vor allem ein Plus an Funktionalität gegenüber jedem seiner Teile. Hierzu einige Beispiele: Wasserstoff (H) und Sauerstoff (O) sind einzelne Atome, mit denen sich nicht wirklich etwas »auf die Beine« stellen lässt. Das zusammengesetzte Molekül H–O–H heißt *Wasser* und ist unser Lebenselixier. Das Wassermolekül ist lebensnotwendig, aber es lebt nicht. Lebendige Zellen enthalten neben Wasser viele weitere Moleküle, insbesondere Aminosäuren bestehend aus Wasserstoff, Sauerstoff, Kohlenstoff, Stickstoff und Schwefel. Zellen können stoffwechseln und kommunizieren, führen aber sonst ein recht primitives Leben. Komplexe Lebewesen wie der Mensch sind ein Verbund aus vielen Zellen. Ihm bieten sich Möglichkeiten, von denen die einzelnen Teile nicht einmal träumen könnten. Ein

Atom kann weder Bücher schreiben noch Kunstwerke schaffen noch Symphonien komponieren. Im Verbund lässt sich wesentlich mehr erreichen als alleine. Das ist übrigens auch das Erfolgsrezept für eine lang währende Partnerschaft zwischen zwei Menschen: Die Verbundpartner müssen das, was sie nur zu zweit erreichen können, viel höher bewerten als das, was jeder für sich zu leisten vermag.

Diese Beispiele belegen, dass es in der Natur durchaus Sinn macht, sich miteinander zu verbinden. Hoppla! Wie war das doch gleich? Dass es *Sinn* macht! Plötzlich haben wir ihn – den Sinn. Aber er steht nicht für sich, sondern in der Kombination mit einem Verb: »Sinn machen«. Nicht nur ich bin ein Verb, nicht nur Gott ist ein Verb, auch Sinn ist ein Verb. Verben brauchen Zeit, also das Jetzt. Darum bezeichnete ich das Jetzt als den »Schlüssel zum Sinn«. Sinn ist nicht etwas von Gott Vorgegebenes, sondern Sinn entsteht jetzt: mit jedem Wassermolekül, mit jeder Zelle und mit jedem noch so komplexen Organismus. Indem sich Atome, Moleküle und Zellen miteinander verbinden, wird ein Wunder wahr – die Natur beginnt zu fühlen und zu lernen. Dieses Wunder ist so groß, dass es keine weiteren Wunder braucht, weder irgendwelche Schutzheiligen noch Engel.

Das Konzept, das der Natur zugrunde liegt, ist geradezu genial. Indem die Natur fühlt und lernt, vermehrt sie dieselben zwei Werte, die sie schon als Keime in sich trägt: Liebe und Erkenntnis. Der eine Keim ist die Urquelle des Kosmos, der andere ist das kosmische Bewusstsein im Licht. Beide Keime befruchten sich gegenseitig und lassen die Natur schöpferisch auftreten. *Liebe ist der Weg, der zu Erkenntnis führt. Erkenntnis ist das Haus, in dem die Liebe wohnt.* Der Mystiker Willigis Jäger erläutert, wie sich Liebe und Erkenntnis gegenseitig bedingen: »Zen und Mystik haben zwei

Säulen, die in Wirklichkeit eins sind: Weisheit und Mitgefühl. Deutlicher sind vielleicht die Worte: Erkenntnis und Mitgefühl. Im Christentum sagen wir: Weisheit und Agape. Es gibt keine wirkliche Liebe ohne die Erfahrung der Einheit und keine wirkliche Erkenntnis ohne Liebe. Sie können nur zusammen auftreten.«[121]

Noch deutlicher wird die Verknüpfung zwischen Liebe und Erkenntnis, wenn wir die entsprechenden Verben unter die Lupe nehmen: Lieben und Erkennen sind nämlich im Grunde dasselbe. Lieben bedeutet, sich mit etwas verbunden zu fühlen, ohne eine Gegenleistung zu erwarten. Das kann ein Mensch, ein Tier, eine Pflanze, eine Tätigkeit oder auch die Wahrheit sein. Was immer es ist, es wird mir umso vertrauter, je mehr ich es liebe. Ich beginne dann, es zu verstehen, das heißt, zu erkennen. Das wussten auch schon die Verfasser der Bibel: »Und Adam *erkannte* seine Frau Eva, und sie ward schwanger.«[122] Das Verb »erkennen« wird hier gleichbedeutend mit »lieben« verwendet. Auch Buddha, der sehr oft lachend dargestellt wird, steht für die Einheit von Liebe und Erkenntnis. Er liebt die Wahrheit, weil er erkennt, dass sie einfach und doch vollkommen ist.

Ich bestreite nicht, dass es in dieser Welt auch viel Hass und Unwissenheit gibt. In gewisser Weise ist das sogar notwendig. Das lässt sich am Beispiel »Gesundheit und Krankheit« verstehen: Solange Sie gesund sind, wird Ihnen dieses hohe Gut nur selten bewusst. Erst wenn Sie krank sind, lernen Sie den Wert von Gesundheit schätzen. Genauso verhält es sich mit Liebe und Erkenntnis: Um den Wert von Liebe erfassen zu können, müssen Sie wenigstens einmal erlebt haben, was es bedeutet, nicht geliebt zu werden. Um den Wert von Erkenntnis erfassen zu können, müssen Sie wenigstens einmal erlebt haben, was es bedeutet, unwissend zu sein.

Werden Sie fündig!

Wer inmitten von Hass Liebe oder inmitten von Unwissenheit Erkenntnis erfährt, begreift, dass Liebe und Erkenntnis die höchsten Werte sind, die es gibt. Als solche müssen sie keinen noch höheren Zweck erfüllen und auch niemandem nützen. Damit erübrigt sich die Frage, wozu diese Werte gut sind. Genauso erübrigt sich die Frage, was mir diese Werte nützen, wenn ich tot bin. Als die höchsten Werte sind Liebe und Erkenntnis *in sich* sinnvoll. Um diese Werte vermehren zu können, muss die Natur fühlen und lernen. Folglich müssen Fühlen und Lernen jener Sinn im Leben sein, nach dem wir so lange gesucht haben.

Was fällt Ihnen auf? Auch das Ich hatte ich als ein »Fühlen und Lernen« bezeichnet. Wenn Sie sich also als das Fühlen und Lernen der Natur begreifen, dann hält der Sinn im Leben eine ganz besondere Pointe für Sie bereit:

> **Der Sinn im Leben bin *ich!***

Doch dieses Ich ist keine Person, die sich erst verwirklichen müsste, sondern ein Verb, eben ein »ich-en«. Liebe und Erkenntnis sind keine Werte, die ich für mich erschaffe. Liebe bedeutet nämlich, dass ich so sehr mit etwas verbunden bin, dass ich mich darin verliere. Mit anderen Worten: *Liebe ist, was aus zweien eins macht.* Ähnliches trifft auch auf die Erkenntnis zu: Ein Wissenschaftler muss sich in seinem Fach verlieren (er muss es lieben), wenn er Erkenntnis gewinnen will. Er wird eins mit der Erkenntnis, wie zwei sich Liebende eins werden.

Im Kapitel über die Ewigkeit behauptete ich, dass der Vorgang des Liebens nicht ewig währt, dass aber die Liebe ein ewiger Wert ist. Dasselbe gilt für die Erkenntnis: Nicht der Vorgang des Erkennens währt ewig, aber die Erkenntnis ist ein ewiger Wert. Genau das ist es, was Nahtoderfahrene uns mitteilen: Das Ich (das Fühlen und Lernen) ist vergänglich, aber die Seele (die Liebe und die Erkenntnis) ist unsterblich. Ob uns das einleuchtet oder nicht, ist letztendlich irrelevant. Das Spiel der Schöpfung ist so raffiniert konzipiert, dass es immer mehr Liebe und Erkenntnis hervorbringen wird, auch wenn sich Fundamentalisten in die Luft sprengen.

Wenn es mich nach meinem Tod nicht mehr gibt, stellt sich allerdings eine grundsätzliche Frage: Was könnte mich dann noch zu Lebzeiten anspornen, nach Liebe und Erkenntnis zu streben? Meine Antwort heißt: das Sterben! Nur das Sterben soll anspornen? Ja, allerdings ohne das Wort »nur«. Bedenken Sie dabei, dass Sterben mehr umfasst als Leben. Wenn ich beim Sterben fühle und lerne, wie mein Leben auf andere gewirkt hat, werde ich für jede Liebe und jede Erkenntnis dankbar sein, die ich im Leben erschaffen habe. Spätestens dann werde ich alle Zusammenhänge verstehen. Es ist sehr hilfreich, sich bewusst zu machen, dass die Ewigkeit keine Zeit nach dem Tod ist, sondern jetzt von uns gestaltet wird. Liebe und Erkenntnis sind keine Wertanlagen für später. Sie schenken uns Erfüllung im Jetzt.

Was ich hier über den Sinn im Leben schreibe, ist nach meinem heutigen Wissensstand in sich schlüssig, aber beweisen kann ich es nicht. Letztendlich bleibt es eine Glaubensfrage. Manche Menschen wollen sich nicht mit dem Gedanken anfreunden, dass das Leben ein Spiel ist; vor allem dann nicht, wenn sie selbst einen schweren Schicksalsschlag verkraften müssen. Vieles vereinfacht sich jedoch, wenn wir das Leben als ein Spiel begreifen – nicht ein Spiel um Geld und Macht, sondern ein Spiel zum Erschaffen von Liebe und Erkenntnis.

*Es stirbt nur das Ich,
das uns voneinander trennt,*

*nicht die Liebe und Erkenntnis,
die uns miteinander verbinden.*

Nun ist es an Ihnen, abzuwägen, wer oder was das Wichtigste im Leben ist. Ich möchte Sie mit meinen Gedanken nicht überzeugen, aber vielleicht kann Ihnen das folgende Kapitel noch den einen oder anderen Denkanstoß geben.

Das Wichtigste in Kürze

- Uns verbindet der genetische Code.
- Liebe und Erkenntnis sind *in sich* sinnvoll.
- Der Sinn im Leben bin *ich* – ein Fühlen und Lernen.

»Wenn uns klar wird,
dass alle Wesen nach Glück streben,
dann erfasst uns eine innige Liebe zu ihnen.«

*Tenzin Gyatso,
der 14. Dalai Lama*

Connectedness

Alles ist mit allem verbunden. Die Natur ist ein großes Ganzes. Das englische Wort hierfür lautet *connectedness*. Experimente zur sogenannten *Verschränktheit* zeigen, dass dieses Verbunden-Sein sogar beliebige räumliche Distanzen überbrücken kann. Zwei Teilchen sind miteinander verschränkt, wenn sie einmal in Wechselwirkung gestanden haben und sich danach nicht mehr wie individuelle Objekte verhalten, selbst wenn sie sich inzwischen weit voneinander entfernt haben. Der österreichische Quantenphysiker Erwin Schrödinger hatte die Existenz dieser Teilchen im Jahr 1935 vorausgesagt.[123] Nachgewiesen wurden sie aber erst 47 Jahre später durch den französischen Physiker Alain Aspect.[124] Verschränktes Licht lässt sich mit Lasern und speziellen optischen Kristallen erzeugen. Die entstehenden Lichtteilchen fliegen in verschiedene Richtungen (siehe Abbildung 38).

Ein Lichtteilchen fliegt nach links.   Ein Lichtteilchen fliegt nach rechts.

Abb. 38: Erzeugung von zwei verschränkten Lichtteilchen

Dass zwei Lichtteilchen miteinander verschränkt sind, lässt sich durch eine Messung nachweisen. Wir nehmen der Einfachheit halber an, dass diese Messung aus einem »Kitzeln« besteht und nur zwei mögliche Ergebnisse liefern kann:

Entweder sagt das Teilchen »miau« wie eine Katze oder »piep« wie eine Maus. Die Entscheidung, ob ein Teilchen »miau« oder »piep« sagt, fällt spontan zum Zeitpunkt der Messung. Sie hat also keine Ursache, das heißt, sie ist zufällig. Wenn das Experiment öfters wiederholt und stets nur ein Teilchen gekitzelt wird, ist eine zufällige Abfolge von »Miaus« und »Pieps« zu hören (siehe Abbildung 39).

| Wenn das linke Teilchen nicht gekitzelt wird, | sagt das rechte Teilchen »miau« oder »piep«. |

Abb. 39: Messung eines Lichtteilchens

Interessant wird es, wenn beide Lichtteilchen nacheinander gekitzelt werden: Sobald sich eines der beiden Teilchen zufällig für einen Tierlaut entschieden hat, bleibt dem anderen Teilchen plötzlich *keine* Wahlfreiheit mehr. Es entscheidet sich stets für denselben Tierlaut (siehe Abbildung 40).

| Wenn das linke Teilchen beim Kitzeln »miau« sagt, | sagt das rechte Teilchen beim Kitzeln auch »miau«. |

| Wenn das linke Teilchen beim Kitzeln »piep« sagt, | sagt das rechte Teilchen beim Kitzeln auch »piep«. |

Abb. 40: Messung beider Lichtteilchen

Dabei spielt es keine Rolle, ob die Lichtteilchen einen Meter oder einen Kilometer voneinander getrennt sind. Selbst wenn ein Teilchen bis zum Mond oder bis zu einer anderen Galaxie fliegt, macht es stets denselben Laut wie das auf der Erde gebliebene Teilchen. Albert Einstein hat dieses merkwürdige Verhalten als »spukhafte Fernwirkung«[125] bezeichnet, weil jedes Teilchen ganz spontan über die Entscheidung seines Partners informiert ist. Unabhängig von der räumlichen Distanz zwischen den Teilchen weiß es *sofort,* ob sein Partner »miau« oder »piep« gesagt hat.

Das merkwürdige Verhalten lässt sich *nicht* damit erklären, dass die Teilchen Informationen untereinander austauschen, weil jede Art von Kommunikation Zeit in Anspruch nehmen würde. Die einzig logische Schlussfolgerung aus dem Experiment ist, dass es gar nicht mehr *zwei* individuelle Teilchen sind, sondern *ein* Objekt. Die Verschränkung hat eine Ganzheit aus ihnen gemacht. Diese Ganzheit hat die bemerkenswerte Eigenschaft, an zwei verschiedenen Orten gleichzeitig sein zu können, das heißt, sie transzendiert den Raum. Dass uns dieses Verhalten so merkwürdig vorkommt, ist auch auf das unzulängliche Bild von »Teilchen« zurückzuführen, die sich stets an einem bestimmten Ort befinden.

Inzwischen konnte gezeigt werden, dass sich nicht nur Licht verschränken lässt, sondern auch Elektronen und sogar Atome.[126] Räumlich getrennt erscheinende Objekte können derart miteinander verbunden sein, dass sie in Wirklichkeit ein Ganzes sind. Wenn es zutrifft, dass die gesamte Materie aus einem Urknall hervorgegangen ist, dann bestand damals ein so intensiver Kontakt, dass auf Quantenebene alles miteinander verschränkt – *connected* – sein könnte, ohne dass wir uns dessen bewusst sind. Deswegen wünscht sich der Quantenphysiker Hans-Peter Dürr eine Sprache, die das Verbinden und Zusammenhängen in den Mittelpunkt stellt – und nicht das, was verbunden ist oder zusammenhängt: »Wenn wir über die Quantenphysik sprechen, sollten wir eine Verb-Sprache verwenden. In der subatomaren Quantenwelt gibt es keine Gegenstände, keine Materie, keine Substantive – also Dinge, die wir anfassen und begreifen können. Es gibt nur Bewegungen, Prozesse, Verbindungen, Informationen. Auch diese genannten Substantive müssten wir übersetzen in: Es bewegt sich, es läuft ab, es hängt miteinander zusammen, es weiß voneinander.«[127]

Offensichtlich spielt *connectedness* in der Quantenwelt eine viel größere Rolle als Individualität. Quanten existieren aber nicht losgelöst von unserer makroskopischen Welt, sondern sie sind sogar ihre Grundlage! Alle Materie, also auch unser Körper, wird von Quanten zusammengehalten. Die Auffassung vom Ich als ein Individuum, die ich schon mehrfach in Frage gestellt habe, könnte also durchaus eine Illusion sein. Dass wir uns dieser Illusion hingeben, liegt vor allem daran, dass wir die Wirklichkeit, die an sich ein großes Ganzes ist, in Raum und Zeit aufspalten. Wir erleben uns als voneinander getrennte Subjekte in Raum und Zeit – und sind doch in Wirklichkeit die verbindenden Verben. Der Kardinalfehler eines analytischen Denkens besteht darin, die aufgespaltene Welt für die Wirklichkeit zu halten – eine Welt, die aus vielen Teilen besteht und sich von Tag zu Tag verändert. Doch die Wirklichkeit besteht nicht aus Teilen und verändert sich auch nicht. Hier versagen die Methoden der Physik, wie bei der Frage, was Licht eigentlich sei. Den Schlüssel zum Verständnis der Wirklichkeit liefert die Spiritualität, also innere Eingebung. Wirklichkeit umfasst allen Raum und alle Zeit – *folglich ist Wirklichkeit dasselbe wie Ewigkeit.*

Connectedness bezieht sich nicht nur auf Objekte, sondern auch auf die Strukturen Raum und Zeit. Diese hängen ganz eng mit den zwei Werten Liebe und Erkenntnis zusammen.

Grundprinzip der Schöpfung

Ohne Raum gäbe es kein Gegenüber, also keine Liebe. Und ohne Zeit gäbe es kein Nacheinander, also keine Erkenntnis. Wie bei einem Puzzle fügt sich plötzlich eines zum anderen. Raum und Zeit sind nicht irgendwelche Strukturen im Universum, sondern die Grundvoraussetzungen für das Erschaffen von Liebe und Erkenntnis. Mir ist keine andere Theorie bekannt, welche die beiden höchsten Werte derart schlüssig mit Raum und Zeit verknüpft.

So wunderbar Raum und Zeit sein mögen – mit diesen Strukturen ist auch ein kleiner Wermutstropfen verbunden: Raum und Zeit trennen uns nämlich nicht nur voneinander, sondern auch von Gott. »Nichts hindert die Seele so sehr an der Erkenntnis Gottes als Zeit und Raum«, wusste schon der große Mystiker Meister Eckhart.[128] Indem wir die Wirklichkeit in Raum und Zeit aufspalten, verschließen wir uns den Blick auf das Ganze.

Doch wie das Leben so spielt – es hält für uns alle noch eine faustdicke Überraschung bereit: Beim Sterben wird uns der Blick auf das Ganze zuteil. Spätestens dann werden wir uns mit dem gesamten Universum verbunden fühlen und sämtliche Zusammenhänge verstehen. Ina, eine Leserin, berichtet von einem besonders eindrucksvollen Erlebnis: »Von einer Sekunde zur anderen sah ich die ganze Welt, das ganze Universum. Ich war das ganze Universum – in jedem Baum, in jedem Blatt, in jedem Menschen und in jedes Menschen Gedanken. Gleichzeitig ich selbst und zugleich der andere (die anderen). Ich konnte mit einem Gedanken an jede Stelle des Universums reisen in Sekundenschnelle … Es sieht aus wie ein Hologramm, in das man wie durch Gottes Auge schaut und dann erkennt, dass man Gott und gleichzeitig sich selbst ist. Es ist für mich entsetzlich schwer, diesen Satz zu schreiben, weil es so blasphemisch klingt und ich nie gewagt hätte,

so was auch nur zu denken, geschweige denn auszusprechen.
Die Worte fehlen mir, um das alles so auszudrücken. Man ist
eins mit allem, fühlt und denkt mit allem, sieht jede Auswirkung auf alles und jeden.«[129]

Sollte Ina mit ihrer Vermutung tatsächlich recht behalten?
Was ist, wenn es wirklich so kommt, dass wir am Ende des
Sterbeprozesses alles lieben und alles wissen wie Gott? Was
unterscheidet uns dann noch von Gott? Denken Sie darüber
nach! Anschließend stellen Sie sich bitte vor einen Spiegel,
wechseln dadurch die Perspektive und lesen weiter.

Meine Antwort auf die letzte Frage lautet: nichts!!!
Das bedeutet nicht, dass wir zu Lebzeiten Gott sind,
sondern dass wir ganz am Ende des Sterbeprozesses
die Perspektive Gottes erlangen werden. Sterben, das
Eintauchen der Seele ins Licht, ist nichts anderes als
ein Wechsel der Perspektive – mit der Besonderheit,
dass im Licht nur noch eine Perspektive möglich ist.
Aus der Vielfalt wird eins: Gott.

Beim Sterben wird die scheinbare Trennung zwischen Gott
und uns überwunden. Das ist weit mehr als ein Leben nach
dem Tod. Es ist Vollkommenheit pur. Dann spielt es keine
Rolle mehr, wie lange jemand gelebt hat und welches Leid er
im Leben durchmachen musste. Das Einzige, was in der Vollkommenheit zählt, sind die Werte, die in sich sinnvoll sind:
Liebe und Erkenntnis.

Hegen Sie noch den Wunsch, das Ich in die Ewigkeit »hinüber« retten zu wollen? Abgesehen davon, dass ein solches
»Hinüber« gar nicht existiert – was wollten Sie denn noch
fühlen und lernen, wenn Sie am Ende des Sterbeprozesses
schon alles lieben und wissen?

Ich bin mir durchaus bewusst, dass meine Auffassung von Ewigkeit bei vielen Menschen zunächst auf Skepsis stoßen wird, weil sie dem Wunsch nach der eigenen Unsterblichkeit eine Absage erteilt. Doch bei genauerem Hinsehen vermag meine Auffassung von Ewigkeit etwas, nach dem sich viele Menschen sehnen: Sie lässt uns Sinn hautnah erleben. Ewigkeit ist keine Zeit nach dem Tod, sondern Ewigkeit ist hier und jetzt. Mit jedem Lebewesen tritt Gott in diese Welt und wird sich seiner selbst bewusst. Was lernen wir daraus? *Gott fühlt und lernt ...*

durch uns!

+ + + + +

Die Aussage, dass Gott durch uns fühlt und lernt, gilt jedoch nur aus unserer Perspektive, in der es eine Zukunft gibt. Aus der Perspektive des Lichts liebt und weiß Gott alles, *weil* (!) er (oder es) aus unserer Perspektive fühlt und lernt. Es lohnt sich, über das Wort »weil« im letzten Satz zu meditieren.

Das Wichtigste in Kürze

- Die Natur ist ein großes Ganzes.
- Wirklichkeit ist gleich Ewigkeit.
- Gott fühlt und lernt durch uns.

Alle zehn Antworten in Kürze

Frage 1: Wer oder was ist Ich?
Ich bin ein Fühlen und Lernen.

Frage 2: Was war vor dem Urknall?
Vor dem Urknall war nicht nichts.

Frage 3: Gibt es eine Weltformel?
Eine Weltformel müsste sich selbst berechnen.

Frage 4: Stellen sich Naturgesetze selbst auf?
Gesetze werden gesetzt.

Frage 5: Lässt sich der Zufall ausschalten?
Nichts kann den Zufall beeinflussen.

Frage 6:   Glauben Physiker noch an Gott?
Physiker drücken Gott anders aus.

Frage 7:   Was ist Ewigkeit?
Ewigkeit ist die Perspektive des Lichts.

Frage 8:   Wozu muss ich sterben?
Sterben ist die größte Lernerfahrung.

Frage 9:   Was bleibt, wenn ich tot bin?
Unsterblich sind die Liebe und die Erkenntnis.

Frage 10: Was ist der Sinn im Leben?
Der Sinn im Leben bin ich.

»Gott fühlt und lernt durch uns.«

Markolf H. Niemz

Talk mit dem Autor

Sie schreiben ein Buch über den Sinn im Leben. Haben Sie ihn gefunden?

Niemz: Ich denke, der Sinn im Leben bin ich, aber der Clou steckt wie so oft im Detail. Ich betrachte mich nämlich nicht als eine Person, sondern als ein Verb.

Wie ist das zu verstehen? Sind Sie nicht der Markolf Niemz, der dieses Buch geschrieben hat?

Niemz: Doch, der bin ich. Was mich ausmacht, ist aber kein Subjekt, sondern das, was ich jetzt gerade tue. Es gibt mich nur in Verbindung mit einer Tätigkeit. Ich schreibe, ich lese, ich denke, ich fühle, ich lerne. Das Ich lebt durch sein Tun, oder können Sie sich ein Ich vorstellen, das unabhängig von jeder Tätigkeit existiert?

Glauben Sie denn nicht an die Identität eines Lebewesens?

Niemz: Tatsache ist, dass ich heute nicht mehr derselbe bin, der ich noch vor 49 Jahren war. Die Zellen meines Körpers erneuern sich alle paar Jahre. Zudem verfüge ich heute über ganz andere Gefühle und Erfahrungen als damals. Identität existiert bloß im Rahmen unserer Rechtsprechung.

Ihre Auffassung vom Ich stellt unser gesamtes Rechtssystem auf den Kopf!

Niemz: Oh ja, das tut sie. Doch ich halte unsere Vorstellung von Gerechtigkeit ohnehin für sehr fragwürdig. Wir kennen Gerechtigkeit oft nur in der Form von Bestrafung. Sobald wir die Strafe in den Mittelpunkt stellen, tritt der Lerneffekt zurück. Dass wir so eine Rechtsprechung benötigen, ist eine Folge des überbewerteten Ichs. Solange wir uns als getrennt agierende Subjekte begreifen, werden Neid und Missgunst immer wieder zu Straftaten führen.

Gibt es denn noch eine andere Form von Gerechtigkeit?

Niemz: Na, und ob! Göttliche Gerechtigkeit findet auf einer ganz anderen Ebene statt. Spätestens beim Sterben werden wir erkennen, dass die Wirklichkeit nicht aus verschiedenen Individuen besteht, sondern ein großes Ganzes ist. Wer sich selbst als das Wichtigste im Leben betrachtet, für den dürfte das Sterben eine sehr schmerzliche Erfahrung werden, weil sein höchster Wert verloren geht. Wer jedoch im Leben auf Liebe und Erkenntnis setzt, wird sich beim Sterben darüber freuen, dass er ewige Werte erschaffen hat.

Was bedeutet Sterben eigentlich?

Niemz: Ich vermute, dass die meisten Menschen eine völlig falsche Vorstellung vom Sterben haben. Sie verdrängen das Sterben bis ans Lebensende und gehen davon aus, dass sich das Sterben in einem kurzen Augenblick abspiele. Dem ist wohl nicht so. Viele Nahtoderfahrene berichten, dass sie ihr ganzes Leben noch einmal erlebt hätten, und zwar nicht nur aus ihrer eigenen Perspektive, sondern aus den Perspektiven aller, die irgendwie daran beteiligt waren. Demnach umfasst Sterben wesentlich mehr als Leben.

Gibt es ein Leben nach dem Tod?

Niemz: Ich glaube heute nicht mehr an ein Leben nach dem Tod, aber an eine unsterbliche Seele. Wozu habe ich einen Körper, wenn ich auch ohne ihn existieren könnte? Erst der Körper lässt mich fühlen und lernen, also leben. Das heißt, mit dem Körper stirbt auch mein Ich. Nur die Seele, die aus gefühlter Liebe und gelerntem Wissen besteht, ist masselos und kann deshalb beim Sterben ins Licht eintauchen.

Was ist Licht?

Niemz: Kein Physiker ist heute in der Lage, diese Frage zu beantworten. »Welle« und »Teilchen« sind lediglich Bilder, die jedoch nicht der Wirklichkeit entsprechen. Ich betrachte das Licht als einen unermesslichen Speicher, der alle Informationen sammelt, die das Universum und seine Bewohner hervorbringen. Licht zeichnet sich durch eine Besonderheit aus: Aus seiner Perspektive hat jede räumliche und zeitliche Distanz den Wert null. Es kennt weder Vergangenheit noch Zukunft, sondern nur Gegenwart. Deshalb bezeichne ich die Perspektive des Lichts als »Ewigkeit« …

Womit Sie als Physiker eine Brücke zur Religion schlagen. Gibt es einen Zusammenhang zwischen Licht und Gott?

Niemz: Davon bin ich fest überzeugt. Im Licht ist alles, was jemals im Universum geschieht, präsent. Eine umfassendere Perspektive gibt es nicht. Was liegt näher, als sie mit Gottes Perspektive gleichzusetzen? Nicht ohne Grund bringen alle Weltreligionen das Licht mit Gott in Verbindung. Christus selbst bezeichnete sich als »das Licht der Welt«.

Was ist für Sie Gott?

Niemz: Wenn Gott alles umfasst, lässt er oder es sich nicht auf eine Definition reduzieren. Wir können versuchen, Gott mit Gleichnissen zu umschreiben, wobei ich als Christ dem Panentheismus nahestehe: Gott ist Schöpfer und Schöpfung in einem. Gott offenbart sich in der Natur und umfasst doch mehr als sie. Indem wir leben, entfaltet sich Gott.

Viele Ihrer Gedanken beruhen auf Nahtoderfahrungen. Wie zuverlässig sind diese Quellen?

Niemz: Wissenschaft umfasst auch das, was sich noch nicht messen oder verstehen lässt. Die Schulmedizin macht einen Fehler, wenn sie Nahtoderfahrungen zu Halluzinationen degradiert, weil sie diese nicht erklären kann. Wissenschaftler müssen jede Möglichkeit in Betracht ziehen, die noch nicht widerlegt ist. Ich kenne viele Betroffene, die während eines Herzstillstands etwas erlebt haben, was sich tatsächlich zugetragen hat. Daraus kann ich nur den Schluss ziehen, dass Nahtoderfahrungen einen realen Kern haben müssen.

Sie behaupten, dass alle Physiker gläubig seien. Schließen sich Physik und Glauben nicht gegenseitig aus?

Niemz: Weil eine naturwissenschaftliche Theorie stets falsifizierbar sein muss, lässt sich nie beweisen, dass sie wahr ist. Beweise gibt es in der Mathematik und der Philosophie, jedoch nicht in der Physik. Die intensive Beschäftigung mit der Natur macht gläubig. Wer sich die Stringenz der Naturgesetze bewusst macht, beginnt, an einen Gott zu glauben, der nicht zwingend eine Person ist.

Im Wissenschaftsbetrieb sind Ihre Thesen recht umstritten. Sie wurden sogar schon um Rückgabe Ihrer Lehrerlaubnis gebeten – mit welcher Begründung?

Niemz: Es war die Fakultät für Physik und Astronomie der Universität Heidelberg, die mich gebeten hat, meine Lehrerlaubnis zurückzugeben. Als Naturwissenschaftler dürfe ich Begriffe wie »Raum«, »Zeit« und »Lichtgeschwindigkeit« nicht mit religiösen Begriffen wie »Seele« und »Ewigkeit« verquicken. Dieser Bitte bin ich nicht nachgekommen, weil ich nichts behaupte, was nachweislich falsch ist. Wie jedem Menschen steht auch mir nur ein Kopf zur Verfügung, und darin sollen Wissenschaft und Glauben nicht nebeneinander existieren, sondern sich ergänzen.

Ihnen wird mitunter vorgehalten, Sie würden physikalische Sachverhalte vereinfacht darstellen. Was entgegnen Sie?

Niemz: Mit meinen Büchern möchte ich nicht nur Physiker ansprechen, sondern alle Menschen. Um dieses hohe Ziel zu erreichen, muss ich eine einfache Sprache wählen, die jeder verstehen kann. So kommt es, dass ich womöglich manche Zusammenhänge einfacher präsentiere, als sie wirklich sind. Das heißt jedoch nicht, dass ich sie falsch darstelle, sondern höchstens unvollständig. Wer meine einfache Sprache kritisiert, möge bitte von seinem hohen Ross heruntersteigen. Es gibt nicht einen Physiker, der von sich behauptet, die Quantentheorie vollständig verstanden zu haben.

Ihre Annahme, dass die Ewigkeit kein Leben nach dem Tod sei, dürfte unter Theologen auf Widerspruch stoßen. Welche Erfahrungen haben Sie mit Kirchenvertretern gemacht?

Niemz: Erfreulicherweise erfahre ich von den zwei großen Kirchen in Deutschland eine recht positive Resonanz. Mittlerweile halte ich mehr als die Hälfte meiner Lesungen und Vorträge in kirchlichen Einrichtungen. Insbesondere meine konkrete Auffassung von Ewigkeit stößt dabei auf ein reges Interesse. Das wundert mich nicht. Weder die evangelische noch die katholische Kirche hat eindeutig Stellung bezogen, was mit dem »ewigen Leben« gemeint sei.

Dennoch wird Ihrem Weltbild mitunter attestiert, nicht mit der christlichen Lehre vereinbar zu sein.

Niemz: Wer solches behauptet, hat meine Bücher entweder nicht gelesen oder sie nicht verstanden. Ich selbst bin christlich aufgewachsen und bekenne mich auch heute noch zum Christentum, weil es wie keine andere Religion die Liebe in den Mittelpunkt stellt. Allerdings betrachte ich Religion als einen Wegweiser zu Gott und nicht als einen Selbstzweck. Jede Weltreligion führt uns zu Gott, wenn wir sie von ausschmückendem Ballast befreien. Der Weg über die Physik ist eine Abkürzung zu Gott, weil sie sich mit der Mathematik einer nüchternen Sprache bedient.

Wer war Jesus Christus?

Niemz: Ich glaube, dass vor etwa 2000 Jahren ein sehr weiser Mann mit dem Namen Jesus gelebt hat. Ich glaube nicht, dass er vom Heiligen Geist gezeugt und von einer Jungfrau empfangen wurde. Gott bricht nicht seine eigenen Naturgesetze. Als Physiker glaube ich nicht an übernatürliche Wunder, aber ich bewundere die Natur. Jesus und Buddha waren erleuchtet. Sie hatten es im Köpfchen!

Wer Ihre Bücher liest, bekommt den Eindruck, dass sich Ihr Weltbild gelegentlich ändert. Stimmt das?

Niemz: Das ist richtig, und gerade darin unterscheiden sich meine Werke von heiligen Schriften. Ich stelle mein eigenes Weltbild vor und predige keine Dogmen. Mein Weltbild ist dynamisch, das heißt, es darf sich entwickeln, weil auch ich mich weiterentwickle. Wer sich für mein aktuelles Weltbild interessiert, sollte stets mein jüngstes Buch lesen.

Ihre Lesungen und Vorträge sind regelmäßig ausgebucht. Worauf führen Sie dieses große Interesse zurück?

Niemz: Darauf, dass ich Erkenntnisse der modernen Naturwissenschaft präsentiere, ohne mich dabei in komplizierten Formeln zu verlieren. Ich rede nichts schön, sondern formuliere ungewöhnliche und manchmal unbequeme Gedanken. Ich spüre förmlich, wie es bei den Zuhörern »klick« macht, wenn ich erläutere, wie sinnlos eine Kommunikation in der Ewigkeit wäre. Was sollte ich denn meinen bereits verstorbenen Eltern noch mitteilen, wenn in der Ewigkeit ohnehin schon alles bekannt ist?

Welche Ziele verfolgen Sie mit Ihrer Stiftung Lucys Kinder?

Niemz: Mit der Stiftung setze ich um, was ich beim Schreiben meiner Bücher erkannt habe. Wenn Liebe und Wissen die höchsten Werte sind, dann gilt es, sie zu vermehren. Die Stiftung Lucys Kinder setzt sich dafür ein, dass auch Kinder aus den ärmsten Ländern dieser Welt Zugang zu Liebe und Wissen erhalten. Zurzeit fördern wir Nachtschulen in Indien für Kinder, die tagsüber arbeiten müssen.

Noch ein paar kurze Statements zum Schluss: Ihr Hobby?

Niemz: Leben.

Ihr Lieblingsort?

Niemz: Hier.

Ihr schönstes Ereignis?

Niemz: Jetzt.

Ihr nächstes Buch?

Niemz: Vielleicht etwas Politisches. Der Kapitalismus führt die Menschheit in eine Sackgasse.

Was ist für Sie Glück?

Niemz: Glück hängt von der eigenen Ich-Wahrnehmung ab. Erlebe ich mich als eins mit der Schöpfung oder als von ihr getrennt? Besonders glücklich fühle ich mich im Kreis meiner Familie, wenn ich zusammen mit meiner Frau und unseren beiden Söhnen die Welt kennenlernen darf. Ja, das wird es wohl sein. Fühlen und Lernen machen mich glücklich. Es kommt nicht von ungefähr, dass ich gerade diese Verben als den Sinn im Leben betrachte.

Kontaktmöglichkeit

Wenn Sie das eine oder andere Thema des Buches mit mir diskutieren möchten, dürfen Sie mir gerne schreiben:

markolf.niemz@herder.de

Bisher habe ich noch jede E-Mail persönlich beantworten können. Ob das auch in Zukunft möglich sein wird, hängt von der Menge aller Zuschriften ab.

Eine Übersicht aktueller Lesungstermine finden Sie hier:

www.kreuzverlag.de/aktuelles/veranstaltungen/veranstaltungskalender_html

Stiftung Lucys Kinder

Gemeinnützige und mildtätige Stiftungen sind ein unbürokratischer Weg, dem Ich-Wahn in der heutigen Zeit entgegenzuwirken. So lassen sich gezielt wichtige Projekte fördern, die der Gemeinschaft beziehungsweise den Bedürftigen zugutekommen. Liebe und Wissen weitergeben kann nur der, dem sie selbst zuteilwurden. Die Bereitschaft, sich für andere einzusetzen, muss also schon im jungen Alter angelegt werden – in den Schulen! Die *Stiftung Lucys Kinder* möchte auch Kindern aus den ärmsten Ländern dieser Welt Zugang zu Liebe und Wissen ermöglichen: *Liebe durch Zuneigung, Wissen durch Bildung.* Wenn diese Kinder später genauso denken, wird sich jeder noch so kleine Stiftungsbeitrag vervielfachen und unzählige Früchte tragen …

Abb. 41: Aktuelles Förderprojekt der Stiftung Lucys Kinder

Abb. 42: Wissen durch Bildung

Ganzheitlich denken ist gut, ganzheitlich handeln ist besser! Ich betrachte es als eine der größten Herausforderungen der Menschheit, weltweit Schulen zu errichten, die eine umfassende Allgemeinbildung garantieren. »Allgemein« bedeutet, dass der Unterricht nicht ideologisch gefärbt sein darf, sondern alle politischen und religiösen Überzeugungen objektiv miteinander vergleicht. Um diesem hohen Anspruch gerecht zu werden, müssen staatliche Schulträger auf jede politische Doktrin und kirchliche Schulträger auf jede Missionsarbeit verzichten. Nur so kann die junge Generation selbst erkennen, wie wertvoll die Demokratie und die Religionsfreiheit wirklich sind. Und nur so wird es gelingen, den Hass in der Welt abzubauen und unser Gemeinschaftsgefühl zu stärken. Bildung sollte stets den Weg zur eigenen Erfahrung zeigen. Deshalb biete ich in meinen Büchern auch *keine* neue Religion an, sondern ermuntere Sie, Ihr eigenes Weltbild nach Ungereimtheiten zu durchforsten.

Stiftung Lucys Kinder

Im Mai 2007 habe ich die *Stiftung Lucys Kinder* gegründet und sie mit einem Startkapital von 100 000 Euro ausgestattet, dem Autorenhonorar aus meinen Lucy-Büchern. Dank Ihrer großzügigen Spendenbereitschaft und der Zinserträge konnten bis Mai 2013 bereits mehr als 48 000 Euro für zwei ausgewählte Förderprojekte bereitgestellt werden: den Aufbau einer Schule für notleidende Kinder im Jhabua-Distrikt in Zentralindien und seit 2013 die Finanzierung von Nachtschulen im Bundesstaat Rajasthan für Kinder, die tagsüber keine reguläre Schule besuchen können. Die Kinder lernen freiwillig an sechs Abenden der Woche von 18–21 Uhr (im Sommer von 19–22 Uhr). Die meisten von ihnen sind Mädchen. Sie lernen lesen, rechnen, schreiben und den Umgang mit Alltagssituationen: Warum ist sauberes Trinkwasser so wichtig? Wie funktionieren Bank und Post? Wie pflegt und züchtet man Nutztiere? Außerdem werden die Kinder regelmäßig medizinisch untersucht. Nach dem Unterricht werden sie in der Dunkelheit nach Hause begleitet.

Abb. 43: Liebe durch Zuneigung

Unterricht wird in den Fächern Sozialkunde, Naturwissenschaften, Mathematik, Hindi und Englisch. Das Wissen der Kinder wird monatlich überprüft. Zusätzliche Kursangebote bereiten den Übergang auf staatliche Schulen vor. Eine Besonderheit ist die Einrichtung eines Kinderparlaments, das alle zwei bis drei Jahre neu gewählt wird. Dieses Parlament fördert das Demokratieverständnis der Kinder, und es übernimmt eine wichtige Aufgabe: Zusammen mit einem Komitee aus Dorfbewohnern führt es in regelmäßigen Abständen ein Qualitätsmanagement der Schule durch.

Abb. 44: Finanzierung eines Schulbusses

Die Stiftung Lucys Kinder investiert in ein liebenswertes Leben und in die Ausbildung der Kinder. Neben der finanziellen Förderung der Schulen wurden bisher ein Schulbus gekauft, ein großer Sanitätsblock eingerichtet und ein Tank für Regenwasser gebaut. Hunderte von strahlenden Kinderaugen sagen: »Danke!«

Stiftung Lucys Kinder

Abb. 45: Förderung, die zu 100 Prozent ankommt

An dieser Stelle möchte ich mich ganz herzlich bei Dagmar von Tschurtschenthaler bedanken. Sie setzt sich persönlich für den Erfolg der Nachtschulen in Rajasthan ein, ist regelmäßig vor Ort und hat freundlicherweise die Farbfotos zur Verfügung gestellt. Das Projekt hat dieselben Ziele, die ich auch mit meinen Büchern verfolge: Liebe und Wissen in der Welt vermehren, ohne politisch oder religiös überzeugen zu wollen. Die *Stiftung Lucys Kinder* ist beim Finanzamt München als gemeinnützig und mildtätig anerkannt.

Spendenkonto:	Stiftung Lucys Kinder
Kontonummer:	375 1440 144
Bank:	Bank für Sozialwirtschaft, München
BLZ:	700 205 00

Spenden ist auch *online* möglich.
Infos hierzu auf: www.Lucys-Kinder.de

Anmerkungen

1. www.prb.org/Articles/2006/WorldPopulationClock2006.aspx [15.04.2013].
2. foodwatch.de/kampagnen__themen/nahrungsmittel_spekulation/index_ger.html [15.04.2013].
3. de.wikipedia.org/wiki/Welthunger [15.04.2013].
4. www.dradio.de/dlf/sendungen/wirtschaftundgesellschaft/1582 431/ [15.04.2013].
5. Niemz M. H.: *Lucys Vermächtnis*, München 2009, S. 175.
   Niemz M. H.: *Bin ich, wenn ich nicht mehr bin?*, Freiburg 2011, S. 141.
6. Einstein A.: *Naturwissenschaft und Religion*, in: Dürr H.-P. (Hrsg.): *Physik und Transzendenz*, Bern 1988, S. 75.
7. www.nytimes.com/2011/10/30/opinion/mona-simpsons-eulogy-for-steve-jobs.html?pagewanted=3 [15.04.2013].
8. de.wikipedia.org/wiki/Leben [15.04.2013].
9. Descartes R.: *Die Prinzipien der Philosophie*, Amsterdam 1644, 1, 7.
10. Lauth R., Fuchs E., Gliwitzky (Hrsg.): *Gesamtausgabe der Bayerischen Akademie der Wissenschaften*, Stuttgart 1962, I, 2, S. 259.
11. de Spinoza B.: *Ethik*, I, 29.
12. Hume D.: *A Treatise of Human Nature*, 1739, 1.4.6.
13. van Lommel P.: *Near-Death Experience, Consciousness, and the Brain*, World Futures 2006, 62, S. 134.
14. Rimbaud A.: *Seher-Briefe*, München 1997, S. 367.
15. Freud S.: *Das Ich und das Es*, Leipzig 1923.
16. Hartmann H.: *Ich-Psychologie und Anpassungsproblem*, Stuttgart 1975.
17. Hofstadter D. R.: *Gödel, Escher, Bach*, Stuttgart 1985, S. 19.
18. Gödel K.: *Über formal unentscheidbare Sätze der Principia Mathematica und verwandter Systeme I*, Monatshefte für Mathematik 1931, 38, S. 173.
19. Roth G.: *Wie das Gehirn die Seele macht*, in: Schiepek G. (Hrsg.): *Neurobiologie der Psychotherapie*, Stuttgart 2004, S. 36.
20. Precht R. D.: *Wer bin ich – und wenn ja, wie viele?*, München 2007, S. 72.

Anmerkungen

[21] Planck M.: *Zur Theorie des Gesetzes der Energieverteilung im Normalspektrum*, Verhandlungen der Deutschen Physikalischen Gesellschaft 1900, 17, S. 237.

[22] Heisenberg W.: *Über quantentheoretische Umdeutung kinematischer und mechanischer Beziehungen*, Zeitschrift für Physik 1925, 33, S. 879.

[23] Schrödinger E.: *Quantisierung als Eigenwertproblem I*, Annalen der Physik 1926, 79, S. 361.

Schrödinger E.: *Quantisierung als Eigenwertproblem II*, Annalen der Physik 1926, 79, S. 489.

Schrödinger E.: *Quantisierung als Eigenwertproblem III*, Annalen der Physik 1926, 80, S. 437.

Schrödinger E.: *Quantisierung als Eigenwertproblem IV*, Annalen der Physik 1926, 81, S. 109.

[24] Hoyle F.: *The Nature of the Universe*, Oxford 1950.

[25] Lemaitre G.: *Un univers homogène de masse constante et de rayon croissant, rendant compte de la vitesse radiale des nébuleuses extragalactiques*, Annales de la Société scientifique de Bruxelles 1927, S. 49.

[26] Niemz M.H.: *Bin ich, wenn ich nicht mehr bin?*, Freiburg 2011, S. 165.

[27] Greene B.: *Der Stoff, aus dem der Kosmos ist*, München 2004, S. 349.

[28] Greene B.: *Der Stoff, aus dem der Kosmos ist*, München 2004, S. 483.

[29] In einem früheren Buch war auch ich noch davon ausgegangen, dass Raum und Zeit mit dem Urknall entstanden seien. Niemz M.H.: *Lucys Vermächtnis*, München 2009, S. 118.

[30] Einstein A.: *Zur Elektrodynamik bewegter Körper*, Annalen der Physik 1905, 17, S. 891.

[31] Einstein A.: *Die Grundlage der allgemeinen Relativitätstheorie*, Annalen der Physik 1916, 49, S. 769.

[32] Nollert H.-P., Ruder H.: *Was Einstein gerne gesehen hätte*, Spektrum der Wissenschaft Spezial 2005, 3, S. 15.

[33] Klose J., Morawetz K. (Hrsg.): *Aspekte der Zeit*, Münster 2004, S. 88.

[34] Hawking S., Mlodinow L.: *Der große Entwurf*, Reinbek 2010, S. 15.

[35] Schneider W.B. (Hrsg.): *Wege in der Physikdidaktik*, Erlangen 1989, S. 93.

[36] Faraday M.: *Experimental Researches in Electricity*, Philosophical Transactions of the Royal Society of London 1832, 122, S. 125.

[37] Maxwell, J.C.: *A Dynamical Theory of the Electromagnetic Field*, Philosophical Transactions of the Royal Society of London 1865, 155, S. 459.

[38] siehe 21.

[39] Einstein A.: *Über einen die Erzeugung und Verwandlung des Lichtes betreffenden heuristischen Gesichtspunkt*, Annalen der Physik 1905, 322, S. 132.

[40] Glashow S. L.: *Partial Symmetries of Weak Interactions*, Nuclear Physics 1961, 22, S. 579.

Weinberg S.: *A Model of Leptons*, Physical Review Letters 1967, 19, S. 1264.

Salam A.: *Weak and Electromagnetic Interactions*, Proceedings of the 8th Nobel Symposium, Stockholm 1968, S. 367.

[41] Arnison G. et al.: *Experimental Observation of Isolated Large Transverse Energy Electrons with Associated Missing Energy at 540 GeV*, Physics Letters B 1983, 122, S. 103.

Banner M. et al.: *Observation of Single Isolated Electrons of High Transverse Momentum in Eevents with Missing Transverse Energy at the CERN p-p Collider*, Physics Letters B 1983, 122, S. 476.

[42] Berger C. et al.: *Evidence for Gluon Bremsstrahlung in e^+e^- Annihilations at High Energies*, Physics Letters B 1979, 86, S. 418.

[43] Greene B.: *Der Stoff, aus dem der Kosmos ist*, München 2004, S. 33.

[44] Davies P.: *Gott und die moderne Physik*, München 1986, S. 234.

[45] Davies P.: *Gott und die moderne Physik*, München 1986, S. 246.

[46] Newton I.: *Philosophiae Naturalis Principia Mathematica*, Bd. 1, London 1726, S. 13.

[47] siehe 46.

[48] Landau L. D., Lifschitz E. M.: *Lehrbuch der theoretischen Physik*, Bd. 1, Berlin 1984, S. 8.

[49] de.wikipedia.org/wiki/Alfred_North_Whitehead [15.04.2013].

[50] Sheldrake R.: *A New Science of Life*, Rochester 1981.

[51] Sheldrake R.: *The Presence of the Past*, London 1988.

[52] Cousin V.: *Oeuvres de Descartes*, Bd. 6, Paris 1824, S. 509.

[53] de.wikipedia.org/wiki/Freier_Wille [15.04.2013].

[54] Es ist nicht sicher, ob das Gleichnis von Martin Luther stammt. Der früheste Beleg findet sich in einem Rundbrief der hessischen Kirche vom Oktober 1944. Demandt A.: *Über allen Wipfeln*, Köln 2002, S. 211.

[55] Smith R., Schroeder K.-P.: *Distant Future of the Sun and Earth Revisited*, Monthly Notices of the Royal Astronomical Society 2008, 386, S. 155.

[56] Leibniz G. W.: *Essais de théodicée sur la bonté de Dieu, la liberté de l'homme et l'origine du mal*, 1710.

[57] Niemz M. H.: *Bin ich, wenn ich nicht mehr bin?*, Freiburg 2011, S. 88.

[58] The Chimpanzee Sequencing and Analysis Consortium: *Initial Sequence of the Chimpanzee Genome and Comparison with the Human Genome*, Nature 2005, 437, S. 69.

Anmerkungen

[59] Schrader C.: *Darwins Werk und Gottes Beitrag*, Freiburg 2007, S. 101.

[60] Einstein A.: *Correspondance avec Michele Besso 1903–1955*, Paris 1979, S. 265.

[61] von Weizsäcker C. F.: *Aufbau der Physik*, München 1985, S. 503.

[62] Die physikalische Größe *Impuls* beschreibt die Bewegung eines Objekts. Der Impuls hat einen Betrag und weist in die Richtung der Bewegung.

[63] Ein Lichtjahr ist die räumliche Distanz, die das Licht aus unserer Perspektive in einem Jahr zurücklegt.

[64] Die Bibel: *Johannes* 8, 12.

[65] Der Koran: *Sure* 24, 35.

[66] Laitman M.: *Kabbala*, Hennef 2002.

[67] *Bhagavad Gita* 13:17.

[68] Langer-Kaneko C.: *Das reine Land*, Leiden 1999, S. 28.

[69] Niemz M. H.: *Bin ich, wenn ich nicht mehr bin?*, Freiburg 2011, S. 81.

[70] Gupta S. S.: *A Man Called Bapu*, Bangalore 2008, S. 5.

[71] www.max-planck.mpg.de/seite17/index.html [15.04.2013].

[72] Goenner H.: *Einstein in Berlin*, München 2005, S. 235.

[73] Dieses Zitat wird Werner Heisenberg zugeschrieben.

[74] Stephen Hawking im September 2010 in einem Interview mit dem US-Fernsehsender ABC.

[75] Leuba J. H.: *The Belief in God and Immortality*, Boston 1916, S. 255.

[76] Larson E. J., Witham L.: *Leading Scientists Still Reject God*, Nature 1998, 394, S. 313.

[77] Planck M.: *Vorträge und Erinnerungen*, Darmstadt 1981, S. 318.

[78] Einstein A.: *Mein Weltbild*, Berlin 2010, S. 21.

[79] Heisenberg W.: *Der Teil und das Ganze*, München 1969, S. 292.

[80] Heisenberg W.: *Physik und Philosophie*, Stuttgart 1978, S. 116.

[81] Gerthsen C., Kneser H. O., Vogel H.: *Physik*, Berlin 1982, S. 767.

[82] Einstein A.: *Aus meinen späten Jahren*, Stuttgart 1952, S. 25.

[83] Cooper D. A.: *God is a Verb*, New York 1997.

[84] Young W. P.: *Die Hütte*, Berlin 2009, S. 236.

[85] Vaas R.: *(K)ein Platz für Gott*, Bild der Wissenschaft 1999, 12, S. 42.

[86] siehe 30.

[87] Dyson F. W., Eddington A. S., Davidson C.: *A Determination of the Deflection of Light by the Sun's Gravitational Field, from Observations Made at the Total Eclipse of May 29, 1919*, Philosophical Transactions of the Royal Society of London 1920, 220, S. 291.

[88] Jammer M.: *Einstein and Religion*, Princeton 1999, S. 124.

[89] Niemz M. H.: *Bin ich, wenn ich nicht mehr bin?*, Freiburg 2011, S. 94.

[90] Aus unserer Perspektive benötigt das Sonnenlicht etwa acht Minuten, bis es auf der Erde eintrifft.
[91] Dieses Zitat wird Meister Eckhart zugeschrieben.
[92] Herder, J. G.: *Amor und Psyche*, in: Kurz H. (Hrsg.): *Herders Werke*, Leipzig 1870, S. 85.
[93] Borasio G. D.: *Über das Sterben*, München 2011, S. 97.
[94] Niemz M. H.: *Lucy mit c*, Norderstedt 2005, S. 12.
[95] Borasio G. D.: *Über das Sterben*, München 2011, S. 25.
[96] siehe 95.
[97] Aufgrund der gigantischen Entfernungen zu anderen Sonnensystemen halte ich es für ausgeschlossen, dass wir jemals lebend unser eigenes Sonnensystem verlassen werden.
[98] Parnia S., Waller D. G., Yeates R., Fenwick P.: *A Qualitative and Quantitative Study of the Incidence, Features and Aetiology of Near Death Experiences in Cardiac Arrest Survivors*, Resuscitation 2001, 48, S. 149.

van Lommel P., van Wees R., Meyers V., Elfferich I.: *Near-Death Experience in Survivors of Cardiac Arrest: a Prospective Study in the Netherlands*, Lancet 2001, 358, S. 2039.
[99] www.nderf.org/NDERF/Research/number_nde_usa.htm [15.04.2013].
[100] Kübler-Ross E.: *Interviews mit Sterbenden*, Berlin 1971.
[101] Moody R.: *Leben nach dem Tod*, Reinbek 1977.
[102] Ring K.: *Life at Death*, New York 1980.
[103] Niemz M. H.: *Bin ich, wenn ich nicht mehr bin?*, Freiburg 2011, S. 71.
[104] Roberts E-Mail vom 23. November 2009.
[105] Mir ist kein einziger Nahtoderfahrener bekannt, der bis zur Lebensrückschau vorgedrungen ist und dabei nicht die Angst vor dem Tod verloren hat.
[106] Jäger W.: *Das Leben endet nie*, Freiburg 2011, S. 74.
[107] Fegg M. J., Kramer M., Stiefel F., Borasio G. D.: *Lebenssinn trotz unheilbarer Erkrankung?*, Zeitschrift für Palliativmedizin 2008, 4, S. 238.
[108] van Lommel P.: *Endloses Bewusstsein*, Mannheim 2010, S. 61. Moody R.: *Leben nach dem Tod*, Reinbek 2004, S. 78.
[109] Drees I.: *Nahtoderfahrung*, in: Souvignier, G. (Hrsg.): *Durch den Tunnel*, Goch 2007, S. 166.
[110] Niemz M. H.: *Bin ich, wenn ich nicht mehr bin?*, Freiburg 2011, S. 77.
[111] MacDougall D.: *Hypothesis Concerning Soul Substance Together with Experimental Evidence of the Existence of Such Substance*, American Medicine 1907, II, S. 240.
[112] Steindl-Rast D.: *Credo*, Freiburg 2010, S. 17.

Anmerkungen

[113] Jäger W.: *Das Leben endet nie*, Freiburg 2011, S. 82.
[114] Borasio G. D.: *Über das Sterben*, München 2011, S. 189.
[115] van Inwagen P.: *The Possibility of Resurrection*, International Journal for Philosophy of Religion 1978, 9, S.114.
[116] de.wikipedia.org/wiki/Genetischer_Code [15.04.2013].
[117] Crick F. H. C.: *The Origin of the Genetic Code*, Journal of Molecular Biology 1968, 38, S. 367.
[118] Freeland S. J., Hurst L. D.: *Der raffinierte Code des Lebens*, Spektrum der Wissenschaft 2004, 7, S. 86.
[119] Dürr H.-P., Panikkar R.: *Liebe – Urquelle des Kosmos*, Freiburg 2008.
[120] Aristoteles: *Metaphysik*, Buch VII 17, 1041b.
[121] Jäger W.: *Das Leben endet nie*, Freiburg 2011, S. 116.
[122] Die Bibel: *1. Mose* 4, 1.
[123] Schrödinger E.: *Die gegenwärtige Situation in der Quantenmechanik*, Die Naturwissenschaften 1935, 23, S. 807.
[124] Aspect A., Dalibard J., Roger G.: *Experimental Test of Bell's Inequalities Using Time-Varying Analyzers*, Physical Review Letters 1982, 49, S. 1804.
[125] Einstein A., Born H., Born M.: *Briefwechsel 1916–1955*, München 1969, S. 215.
[126] Burkard G., Loss D., DiVincenzo D. P.: *Coupled Quantum Dots as Quantum Gates*, Physical Review B 1999, 59, S. 2070.
Riebe M., Häffner H., Roos C. F., Hänsel W., Benhelm J., Lancaster G. P. T., Körber T. W., Becher C., Schmidt-Kaler F., James D. F. V., Blatt R.: *Deterministic Quantum Teleportation with Atoms*, Nature 2004, 429, S. 734.
[127] www.pm-magazin.de/a/am-anfang-war-der-quantengeist [15.04.2013].
[128] Meister Eckhart: *Mystische Schriften*, Frankfurt am Main 1991, S. 84.
[129] Inas E-Mail vom 14. Mai 2006.

Bildnachweis

Abb. 2, 3, 4, 7, 8, 9, 10, 11, 12, 13, 14, 15, 16, 17, 18, 19, 20, 21, 22, 24, 25, 26, 27, 28, 30, 31, 32, 33, 34, 35, 36, 37, 38, 39, 40: © Markolf H. Niemz

Seite 8, 18, 30, 40, 54, 74, 84, 94, 104, 106, 118, 130, 141, 142, 152: © Markolf H. Niemz

Kapitel 1:

Abb. 1, Seite 7: Chromosomensatz eines Menschen
Quelle: http://www.mun.ca/biology/scarr/Karyotype_Denver_system.jpg
Bildnachweis: T. C. Hsu (1979) Human and Mammalian Cytogenetics, ISBN 978-0-387-90364-4 (Print), © With kind permission of Springer Science+Business Media

Abb. 5, Seite 28: Zeichnende Hände von M. C. Escher
Quelle: http://www.mcescher.com/Gallery/back-bmp/LW355.jpg
Bildnachweis: M. C. Escher's »Drawing Hands« © 2013 The M. C. Escher Company – The Netherlands. All rights reserved. www.mcescher.com

Abb. 6, Seite 30: Kosmische Hintergrundstrahlung
Quelle: http://de.wikipedia.org/wiki/Datei:COBE_cmb_fluctuations.gif
Urheber: NASA Goddard Space Flight Center/ COBE Science Working Group (http://lambda.gsfc.nasa.gov/product/cobe/swg.cfm)

Abb. 23, S. 100: Symmetrie eines Eiskristalls
Quelle: http://www.its.caltech.edu/~atomic/snowcrystals/class/w050207a039.jpg
© Kenneth G. Libbrecht

Bildnachweis

Kapitel 5:

S.65: Betende Hände von Albrecht Dürer
Quelle: http://commons.wikimedia.org/wiki/File:Duerer-Prayer.jpg

Abb. 29, Seite 83 : Andromedanebel
Quelle: http://commons.wikimedia.org/wiki/File:Andromeda_Galaxy_%28with_h-alpha%29.jpg
Lizensiert unter der Creative Commons-Lizenz Namensnennung 2.0 US-amerikanisch (nicht portiert) (http://creativecommons.org/licenses/by/2.0/deed.de). Urheber: Adam Evans (http://www.flickr.com/photos/8269775@N05)

Abb. 41, 42, 43, 44, 45: © Dagmar von Tschurtschenthaler

Kapitel 6:

Seite 85: Foto von Max Planck
Quelle: http://commons.wikimedia.org/wiki/File:Max_Planck_%281858-1947%29.jpg

Seite 85: Foto von Albert Einstein
Quelle: http://commons.wikimedia.org/wiki/File:Einstein_1921_portrait2.jpg

Seite 85: Foto von Werner Heisenberg
Quelle: http://commons.wikimedia.org/wiki/File:Bundesarchiv_Bild183-R57262,_Werner_Heisenberg.jpg Wikimedia

Seite 85: Farbfoto von Stephen Hawking
Quelle: http://www.augsburger-allgemeine.de/img/18212771-1326037404000/topTeaser_crop_20324150.jpg
Bildnachweis: © picture alliance/dpa/Warren Toda

Seite 162: © Dagmar von Tschurtschenthaler

Ein Quantensprung der Erkenntnis

**Markolf Niemz
Bin ich, wenn ich
nicht mehr bin?**
Ein Physiker entschlüsselt
die Ewigkeit
200 Seiten | Paperback
ISBN 978-3-451-06351-0

Erstmals gelingt es einem Physiker, die Frage nach Gott rational zu entschlüsseln. Indem er Erkenntnisse aus der Naturwissenschaft mit Spiritualität und Religion verknüpft, begreifen wir plötzlich, was es mit der Ewigkeit und dem »Leben nach dem Tod« auf sich hat.

In jeder Buchhandlung

HERDER
Lesen ist Leben

www.herder.de